音楽はなぜ学校に必要か

その人間的・教育的価値を考える

山本文茂

音楽之友社

写真1　平成15（2003）年10月，伊澤修二記念音楽祭における
長野県高遠北小学校5年生児童の音楽劇《山馬クロ》の演技指導

ま え が き

　この本は，昭和55（1980）年から平成5（1993）年にかけて執筆した，音楽之友社刊『季刊音楽教育研究』の巻頭言（特集テーマの設定趣旨）28点のなかから17タイトルを取り上げ，これを

1. 新たな発想を生み出す
2. 教材の本質を授業に生かす
3. 指導の方法を考える
4. 喫緊課題にどう応えるか
5. 歴史認識や研究から実践へ

の5章に振り分けた上で，それぞれのテーマに関連する手記，実践事例，児童作文，書評・解説，提言・論説・論文など，思い出深い著作を各章に組み入れて構成したものです。

　内容面では，根底に「音楽はなぜ学校に必要か」という問題意識をすえながら，昭和後期から平成期にかけての日本における音楽教育の特徴的な事象とその人間的・教育的価値を取り上げました。この時代における音楽教育の歴史的証言の一部として，これから音楽教育の実践と研究に励もうとしている若い皆さんに，この本が何らかの示唆を与えることができれば幸せに思います。

平成30年7月吉日

山 本 文 茂

目　次

★まえがき　3

1. 新たな発想を生み出す　……………………………………　7
❶ 音楽表現の原点を考える　8
　【概観】「人間と音楽と教育をどうとらえるか」
　教員養成課程　音楽科オリエンテーション授業のためのレクチャー・ノート　8
❷ 感性を育てる　22
　【提言①】「感性を育てる音楽指導——新たな発想の枠組みを求めて」
　〔筑波大学附属小学校初等教育研究会刊『教育研究』特集／感性と教育〕　23
❸ 創造的音楽づくりとは何か　27
　【授業①】「現代音楽の教育的可能性——《ワルソーの生き残り》を追体験しよう」
　〔特集／音楽教育＝80年代に向けて〕　28

２．教材の本質を授業に生かす　……………………………………　33
❹ 音楽授業におけるコミュニケーション　34
　【書評①】「稲垣忠彦著（1995）『授業研究の歩み・1960〜1995』評論社」
　〔東京藝術大学音楽教育研究室刊『音楽教育研究ジャーナル』〕　34
❺ 音楽の授業における教材の意義　36
　【児童作文】谷本智仁君（小2）「スイミーとぼく」
　〔（財）音楽鑑賞教育振興会　第31回論文・作文募集　小学生の部《優秀賞》作品〕　37
❻ 音楽教材とは何か　42
　【論評】「音楽科に共通教材は必要か」
　〔『教職研修』特集／音楽科教育をめぐる論争〕　42

挿絵1　小・中学校の同級生　中村菅子さんのちぎり絵

❼ ドラマとしての音楽授業　50
　【授業②】「私たちの《惑星》——ホルスト作曲《木星の歌》を生で聴く」
　〔音楽之友社刊『音楽がおもしろくなる授業の工夫』〕　51

3．指導の方法を考える ・・・・・・・・・・・・・・・・・・・・・・・・・・・・・・・・・・・・・・・ 59
❽ 教わる側の発信　60
　【提言②】「ポピュラー音楽の教育的可能性を求めて——音楽高感度人間と手を結ぼう」
　〔『教育音楽 中学・高校版』高校特集／ポピュラー音楽の研究〕　60
❾ 個人差を生かした音楽指導　66
　【解説】「個人差のとらえ方」
　〔個人差教育研究会編『個人差に応じた新しい学習指導の展開・音楽』〕　66
❿ 合唱指導を考える　78
　【授業③】「モノドラマ合唱劇《むじな》の実践例——郷土の祭囃子を用いて」
　〔音楽之友社刊『モノドラマ合唱の実践』〕　79

4．喫緊課題にどう応えるか ・・・・・・・・・・・・・・・・・・・・・・・・・・・・・・・・・・ 91
⓫ 音楽科教育の行方　92
　【手記①】「中学校音楽科主任に訴える——自衛のための理論武装を」
　〔全日本音楽教育研究会刊『音楽教育』特集／いかに対処するか"弾力ある運用"〕　92
⓬ 音楽科におけるカリキュラム開発の展望　98
　【書評②】「西園芳信著（1993）『音楽科カリキュラムの研究 原理と展開』音楽之友社」
　〔『教育音楽 小学版』BOOK SCRAMBLE〕　99
⓭ 自己表現力の育成と創造性　100

写真2
平成25年度 名古屋芸術大学音楽学部
音楽教育専攻生ほか卒業生有志
左から 成田七香 加藤美月 岡田恵里子
　　　都築美紗 大川知奈美 森島あゆ美

「特別活動における音楽」の授業で
楽しい音楽活動を展開してくれた学生諸君

【論説】「音楽教育における表現力の育成」
〔文部省刊『中等教育資料』特集／豊かな表現力を育てる〕 101
❶ 表現科（音楽）を考える 106
【論文①】「〈表現科〉構想の成果と問題──文部省研究開発学校〈錦華小モデル〉の検討を通して」〔建帛社刊『アート・エデュケーション』〕 107

5．歴史認識や研究から実践へ ……………………… 115

❶ 東京藝大百周年を考える 116
【手記②】（抜粋）：高遠町教育長・向山幹男「高遠町伊澤修二先生記念祭を振り返って」〔『季刊音楽教育研究』〕 116

❶ 音楽教育の研究を考える 120
【論文②】「音楽科教育学の成立をめざして──人間教育に果たす音楽科の役割」〔日本学術会議教科教育学研究連絡委員会編集『教科教育学の成立条件──人間形成に果たす教科の役割』〕 120

❶ 音楽科の存在理由は何か 132
【報告】「平成21年度 全日本音楽教育研究会 全国大会 東京大会の成果に学ぶ」 132

結び：音楽はなぜ学校に必要か ……………………… 141

〈転載文献一覧〉〈図表等資料の出典一覧〉 147

★あとがき 150

（文献紹介）①

マルコム・テイト＆ポール・ハック著
千成俊夫・竹内俊一・山田潤次訳
『音楽教育の原理と方法』音楽之友社

教師を目指す人はこの本を熟読しなければなりません。

1. 新たな発想を生み出す

　昭和50年代に入って，校内暴力を中心とする中学生の問題行動が全国的な広がりを見せた。教師と生徒の人間関係や問題行動の背景を探ろうとする必死の努力が重ねられたが，問題の解決は容易なことではなかった。

　問題の核心は，生徒のアイデンティティーと教育とをどう切り結ぶかにかかっている。音楽教育もここから再出発しなければならない。そのためには，人間と音楽と教育のかかわりを原点に立ち返って問い直さねばならない。すなわち，人間と音楽と教育を根源において結び付けているものはいったい何か，音楽はなぜ学校に必要なのか，といった本質的な問題をもう一度考え直してみる必要があるように思われる。

　こうした問題は，教師になってから考えるのではなく，教員養成課程に入った大学入学の時点から，絶えることのない学生諸君の自己修練の根本課題として取り組まねばならないだろう。このために，大学教官は教員養成課程音楽科オリエンテーション授業のためのきめ細かなレクチャー・ノートを新たに準備しなければならない。また，第6次学習指導要領（平成元年改訂・告示）から重視されている感性教育，創造性教育としての音楽教育の役割についても，明確な指導理念と指導法の確立に努めねばならない。

❶ 音楽表現の原点を考える

　中学生の問題行動が陰惨ともいえる色彩を帯びて激発している。彼らの意識や行動の現実を直視するとき，学校とは何か，教師とは何かといった根本問題に立ち返って，音楽教育全体をもう一度原点からとらえ直す必要があるように思われる。

　人間としての教師・生徒の基本的関係が崩壊の兆しを見せ始めている昨今の状況にあっては，極論すれば，従前のわれわれの音楽指導，すなわち，知識と技術の注入を中核とした楽曲教授方式の単なる継承をもってしては，音楽科はもはやその存在理由と教育的機能を維持することは不可能であろう。教師を弱者として虫けら同様に蹴散らし踏みつぶすような生徒を含む集団を前にして，われわれはいったいどのような音楽指導を展開したらよいのか。

　問題行動を引き起こす生徒に共通して認められる特質の一つに「アイデンティティー（identity）の喪失」という問題が挙げられる。自分であること，自己の存在証明，真の自分，主体性，自分固有の生き方や価値観などと訳されるこの言葉は，1950年代，米国の精神分析学者，エリク・エリクソンが使い始めた概念であり，今日では人間に関するすべての科学研究に不可欠な必需品的概念になっているという。

　われわれの音楽指導の原点は，どうやらこの「アイデンティティー」の問題に深く関与しているのではないかと思われてならない。自分の存在を確認することのできる授業，自分に固有な音楽的価値観と直接かかわるような音楽学習，自分の正体が見えてくるような音楽活動を何としても組織してやりたいものである。そのことが，結果として問題行動の克服の道につながると考えるからである。

　今やわれわれは，人間と音楽と教育の原点にまでさかのぼって，それらのかかわりとその根底に横たわる人間の営みを突き止めなくてはならない。3者に共通するものはいったい何か。そこから音楽教育をどう導き出すのか。ここからの再出発である。

『季刊音楽教育研究』（No.35）

【概観】
人間と音楽と教育をどうとらえるか

　教員養成課程　音楽科オリエンテーション授業のためのレクチャー・ノート
　本稿ではレクチャーを意識して「敬体文」を用いた。

(1) 人間と音楽と教育のかかわり
【人間】(human)

　旧約聖書・創世記においては，人間はすべて神にかたどってつくられ，身分や性別に関係なく，人間であれば誰であっても神性を宿している，という人間観が述べられています。ソクラテス，プラトン，アリストテレスらによって構築された人間観は，人間の普遍的特質に集中的な関心を寄せていましたが，とりわけアリストテレスは，ポリス的共同体において人間の自然本性が完成

されると考え，その追究こそ人間の理想であるとしました。

　中世のキリスト教に基づく倫理観で一番大切なものは「人間の眼」ではなく，創造主である「神の眼」であり，イエス・キリストを媒介として，あらゆる人間の同等の価値と各個人の不可侵性が強調され，中世ヨーロッパにおいては，人間が宇宙の中心的存在であるという人間像が定着しました。

　しかし，1400〜1500年代にかけて，ガリレイ，ケプラー，ニュートンらの活動によって新たな世界像が提示されるようになると，人間が宇宙の中心であるという図式は揺らぎ始め，デカルトの心身二元論，ラ・メトリの人間機械論，ダーウィンの進化論などを経て，人間は精神の働きという点であらゆる存在に対して秀でている，という考えから「万物の霊長」と称されるようになります。

　人類の学名は「ホモ・サピエンス」（Homo sapiens ［ラ］，知恵のあるヒト）となっており，言語や文化など，生物学的存在以上に多くの優れた側面を備えているとみなされています。「遊び」も人類の優れた遺産であるという認識から，オランダの歴史学者，ホイジンガ（Johan Huizinga, 1872 − 1945）は，「遊びこそ人間活動の本質であり，文化を生み出す根源である」との人間観から，人類を「ホモ・ルーデンス」（Homo ludens ［ラ］，遊ぶヒト）と名付けました。

　『広辞苑』（2008年，第6版）によれば，「人間」とは「（社会的存在として人格を中心に考えた）ひと，また，その全体（⇒人類）」を指しているとされています。そして，広い意味で人間的事象を取り扱う科学を総称して「人間科学」と呼び，自然人類学や文化人類学の知見を踏まえて，人間の本質や意義を明らかにしようとする学問として「人間学」（anthropology）を挙げています。

　一般に18世紀啓蒙思想の出現以後，「人間学」の立場を明確にした代表的な哲学者として，イマヌエル・カント（Immanuel Kant, 1724 − 1804）の名が挙げられています。彼は，哲学には

- 私は何を知ることができるか
- 私は何をなすべきか
- 私は何を期待したらよいか
- 人間とは何か

という4つの問題と分野があり，この最後の問題について研究する学問を「人間学」であるとしました。この考え方を受けて，日本の哲学者，高坂正顕はカント哲学の全体を人間学の大系とみなし，日本における「人間学」研究に大きな影響を与えました[1]。

　その後，この「人間とは何か」という問題は，ドイツ観念論（カント以後，フィヒテ，シェリング，ヘーゲルに代表される19世紀半ばまでのドイツ哲学の主流となった思想）を通してヘーゲル（Georg Wilhelm Friedrich Hegel, 1770 − 1831）の弁証法（〔「正」（テーゼ）―「反」（アンチテーゼ）―「合」（ジンテーゼ）〕という流れで「対立・矛盾」を「止揚」へと高めていく思考形態）に受け継がれ，人間精神における自由への本性の理論付けなどに多大な影響を与えました。そしてドイツの思想家，ニーチェ（Friedrich Wilhelm Nietzsche, 1844 − 1900）は「ディオニュソス的人間」（「否定と破壊」を経て真実な生の「肯定と創造」が可能になる）という命題を掲げ，独特な「哲学的人間学」を提唱しました。

　20世紀に入ってこの「哲学的人間学」は全盛期を迎え，マックス・シェーラーをはじめとする

9

たくさんの思想家によって「人間とは何か」「自分とは何か」を問いかける多面的な問題意識の体系的学問として位置付けられるようになりました。しかし，度重なる世界大戦や世界中の植民地支配を通して，それまで構想されていた理想的な人間社会のイメージは無残に打ち砕かれ，「人間不在」という新たな問題を直視せざるを得ない状況となりました。

　日本では，京都学派（西田幾多郎，波多野精一，田辺元，和辻哲郎ら一系の哲学者）の流れを汲んだ高山岩男による『哲学的人間学』（1940）の出版を経て，この思想的模索は教育学の世界に引き継がれ，1970年代後半からは「教育人間学」という新たな分野が注目されるようになりました。ここでは，教育という営みを哲学，宗教，文学，文化，社会との関係でトータルにとらえなおし，教育的な行為・関係・援助・発達といった問題を教育の根底にあるものとのつながりの中で，より柔軟に再認識する可能性を探ろうとしています[2]。最近では「教育人間学」研究を活発に行っている大学も増えてきましたし，関連学会も設立されています。

　以上，「人間」についての研究の流れを概観してきましたが，もう少し具体的に「人間」そのものの性質について考えてみましょう。

◆「人間らしさ」
- 言葉が使え，言葉でコミュニケーションを成立させることができる。
- 文化を持ち，それを仲間や子孫に伝えることができる。
- 道具を使い，それを作ることができる。

◆「思考力・判断力」
- 自分を取り巻く周囲の状況の中に何らかの問題を発見し，その解決に向けてさまざまな思考を働かせて最善の解決の方法を探り，判断し，それを用いて問題を解決に導くことができる。

◆「感受力・表現力」
- 生活経験の中で深く心に残ったことや強い印象を受けたことなどを，言葉や絵や音の響きとして書きとめたり，それらを作品として推敲したりして，表現内容や表現手段を練り上げることができる。

◆「人間関係」
- 社会や集団における人と人とのつきあいを大切にし，感情的な対応を含む個人と個人との関係を意図的に維持しようとする。

◆「人間像」
- 性格，外見，行動などを通して得られるその人の姿・イメージを鮮明にし，その推移や変容をとらえることができる。

◆「人間的共感」
- 人間に関するさまや人の行為・愛情の人間らしいさまに心を配り，特に思いやりがあることなどに深い敬意を抱く。

　以上，人間の性質の積極面・プラス面をとらえてきましたが，問題はその逆の消極面・マイナス面にどう取り組むかです。科学技術の急速な進歩，とりわけ情報技術の驚異的な進展と普及，人口の著しい都市集中，マスコミ情報の著しい画一化，国際化社会の推進と民族的アイデンティティーの葛藤，非正規雇用労働者の増大による経済的格差の拡大など，人間を取り巻くさまざま

な状況は，情報化社会・格差社会における人間性疎外，そこで生きてゆく人間に求められる能力の細分化，人間関係や生活意識の孤立化，文化・芸術・娯楽の享受形態の定型化といった「危機的状況」をもたらしています。これらの詳細については，次節でさらに考察を深めることにしましょう。

【音楽】(music)

「音楽」という言葉は，もともと紀元前の古代中国で生まれた漢語であり，日本へはすでに奈良時代に伝えられていたと考えられています。しかし，はじめは日本固有の芸能を意味することはなく，もっぱら渡来した器楽音楽を指す言葉でした。江戸時代ごろからは伝統音楽を「音楽」という名称で呼ぶこともありましたが，この言葉が広く音楽一般の意味で使われるようになったのは，明治期以後，英語の'music'，ドイツ語の'Musik'などの訳語としてその役割を与えられてからのことです[3]。

英語の'music'の語源は，ギリシャ語では「ムーシケー」($\mu o \upsilon \sigma \iota \varkappa \eta$ = mousike) となっています。それは，アポロンの神に仕える9人の女神が司るものとして，時間や運動に関するいろいろな技芸・学問（文学・演劇・天文学・舞踊・合唱・歴史など）の全体を指していました。また，中世の大学では，音楽はラテン語で「ムシカ」(musica) と呼ばれ，文法・修辞学・弁証法・算術・幾何学・天文学と並ぶ「7自由学科」(septem artes liberales) の一つとして，学問的な取り扱いがなされていました。音楽が芸術の一分野として自立した存在であると考えられるようになったのは近代に入ってからのことです[4]。

今日では一般に音楽とは「一定の法則に基づいた音の組み合わせにより，人間に美的効果を与える芸術の一形式」[4]であるとされていますが，ここでの「音楽」という概念は，もっぱら西洋近代芸術音楽とそれに対応するような音楽を対象としています。一方，20世紀後半におけるアメリカ音楽教育界では，「音楽とは時間的に組織された音と沈黙である」[5]といった深い意味からのすばらしい概念規定によって，音楽の営みを芸術作品の受容・享受だけに限定せず，広く人と音とのかかわりとしてとらえる考え方も広まっています。

音楽の学問的研究を総称して「音楽学」と言い，U.ミヒェルスは，音楽学の大系（部分領域と補助学）の一例として，**図1**に示したような3分野22領域の知識体系を示しています[6]。日本の音楽大学では，この分野の専攻は「楽理科」と呼ばれることが多いようです。

さて，「音楽」という言葉は，わが国では「唱歌」とともに，学校の教科や科目の名称としても使われてきました。女学校においてはすでに明治期から「音楽」という教科名が使われていましたが，初等学校の教科の名前として「音楽」という言葉が初めて用いられたのは，昭和16 (1941) 年の国民学校令で定められた「芸能科音楽」が初めてとなっています。それ以前は，明治時代の初期に諸外国の教育制度にならって「歌うこと」(singing) という意味で「唱歌」が教科名として使われていました。

昭和年代に入るとSPレコード（standard playing record，1分間78回転のレコード盤）が普及し始めて，学校でもレコードによる音楽の鑑賞ができるようになったため，「歌うこと」に「聴くこと」を加えて「芸能科」（音楽・習字・図画・工作・裁縫の5科目）の筆頭科目として「音楽」

図1　音楽学の部分領域と補助学

U.ミヒェルス編（1977）『図解音楽事典』日本語版監修（1989）角倉一朗，白水社，12頁

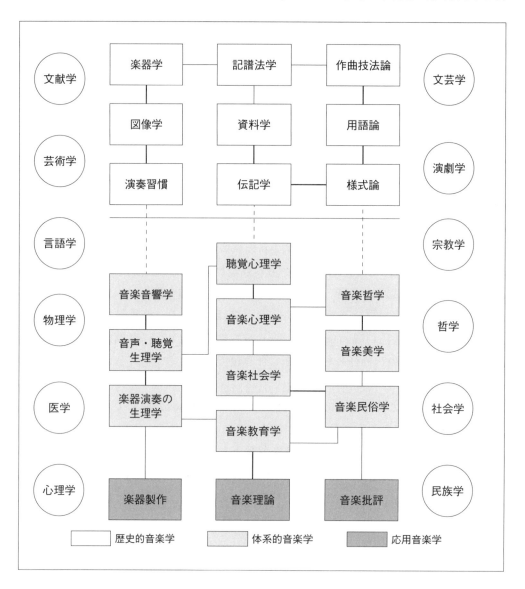

が位置付けられたのです[7]。

　戦後の昭和20年代はラジオ音楽の全盛時代で，昭和21年にはNHKラジオ「のど自慢素人音楽会」が開始され，翌年には戦後初のNHK「全国児童唱歌ラジオコンクール」が開催されて，いずれも今日まで続いている人気番組となっています。昭和24年からはNHKラジオ番組「音楽の泉」が始まり，日曜日の朝，美しいクラシック音楽を楽しむ絶好の機会が日本中に広がりました。このほかにも，民謡・邦楽・ポピュラー音楽・ジャズなど，幅広いジャンルでラジオ音楽が楽しまれました。

社会的音楽活動として，昭和23年には第1回全日本合唱コンクールが始まるとともに，同年からは労働運動と深く結び付いた「うたごえ運動」が始まり，その素材として『緑の歌集』に収められた世界中の歌が日本中の職場会で若い人々に歌われました。昭和32年に大学生として東京生活を始めた筆者は，共同風呂で，また，駅のプラットホームで合唱をしている人々に驚き，それに加わって歌ったことがありありと思い出されます。

　昭和26年には日本で初めてLPレコードとLPプレーヤー（long playing record，1分間に33 ⅓回転のレコード盤とその再生プレーヤー）が発売され，SPレコードのスクラッチ・ノイズから解放された質の高い音楽鑑賞の波が，学校や図書館などをはじめとして日本列島に広がってゆきました。昭和30年にはウィーン少年合唱団が初来日し，その美しい頭声発声で少年合唱の美の極致を顕現し，日本の少年合唱の行方を明示してくれました。

　昭和30年代に入るとイタリア歌劇団が初めて来日，数次にわたる日本公演で，本場のオペラのすごさを見せつけてくれました。100名を超すオーケストラのフォルティッシモの響きを真っ二つに切り裂くようなマリオ・デル・モナコのテノール・ソロのすごさに，筆者は生まれて初めて鳥肌と身震いを体験し，その夜はほとんど眠れませんでした。

　昭和40年代に入ると41年のビートルズの来日を機にエレキ・ギターが大流行し，グループ・サウンズのブームとあいまって，日本の若者音楽は大きく様を変えてゆきます。昭和46年，明治百年記念公演として国立劇場で3日間にわたってアジア民族芸能祭が開催され，国際交流や異文化理解のすばらしい機会を提供してくれました。昭和50年には同様なアジア民族芸能祭がNHKホールで6日間開催され，韓国・タイ・インドネシア・フィリピン・インド・マレーシア・ミャンマー・日本の8か国の音楽が，それぞれ独自の美的価値と民族的アイデンティティーを分かち合いました。

　昭和57年，音楽再生の世界に一大革命がおこりました。ソニーと日本コロムビアがCD（コンパクト・ディスク）の発売を開始したからです。1年もたたないうちにそれまでのLPレコードは店頭から姿を消し，あらゆる音楽ジャンルでLPからCDへの急速な転換が行われたのです。そして若者たちの音楽再生装置と音楽享受は，「ウォークマン」などの優れた音質を誇る機器とヘッドフォンに移りました。音楽の個人享受時代が到来したのです。

　こうした音楽再生の変容に伴って，人々が享受する音楽のジャンルも当然多様化することとなり，昭和56年のNHK放送世論調査所による大規模な調査では，「好きな音楽の種類」は60種に及び（図2），上位5位は「歌謡曲」66％，「演歌」51％，「日本民謡」40％，「映画音楽」33％，「フォークソング」27％，下位5位は「謡曲」「フレンチ・ポップス」各2％，「舞楽・雅楽」「労働歌」「文楽・義太夫」各1％となっています[8]。

　昭和50年代後半から平成年代にかけては，YMO（イエロー・マジック・オーケストラ＝細野晴臣・坂本龍一・高橋幸宏）による「テクノ・ミュージック」が，その不思議な音響と楽曲構成によって大きな関心を集めました。さらに，松任谷由実・山下達郎・矢野顕子・竹内まりやらの「ニュー・ミュージック」などを経て，平成時代の若者たちに最も好まれている音楽の代表として，「Jポップ」と呼ばれている音楽が注目されます。これは1989年，FMラジオ局のJ-WAVEによってつくられた言葉で，日本の大衆娯楽音楽（ポピュラー音楽）のうち，総じて若い世代に好まれる楽曲を総

図2 好きな音楽

NHK放送世論調査所編（1982）『現代人と音楽』日本放送出版協会，68頁

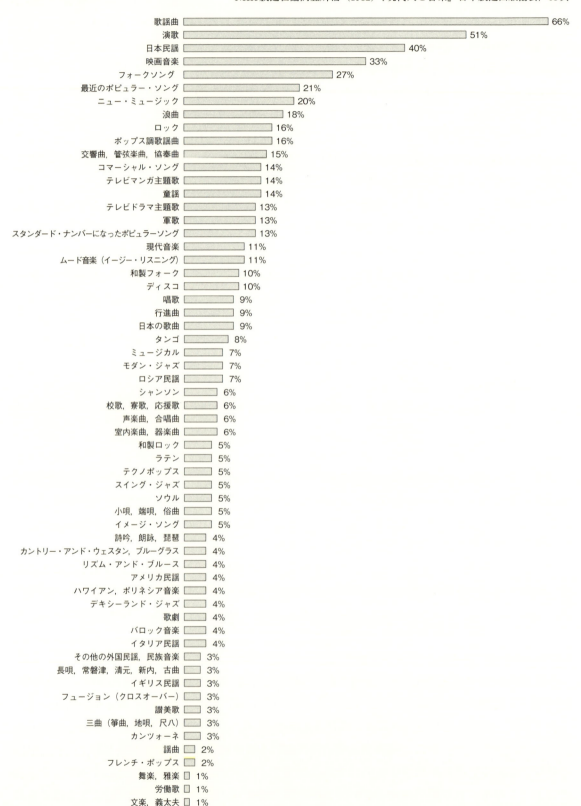

称したジャンル名を言います。ちなみに，2016年2月のJ-POP月間ランキング，上位5曲は以下の通りです。

1. 明日への手紙（ドラマバージョン）：手嶌 葵
2. PERFECT HUMAN：RADIO FISH
3. 365日の紙飛行機：AKB48
4. SUN：星野 源
5. みんながみんな英雄：AI

　そして，今日の若者たちはiTunesから好きな音楽をダウンロードして聴いたり，YouTubeで好きな動画を楽しんだりして，「感動体験の共有」「知性と感性の融合」といった音楽の本質的価値とは無縁の世界を羽ばたいているようです。

　こうした若者たちの音楽の好みとは別に，今日の音楽教育の世界では，日本の伝統音楽や諸外国の民族音楽の学習に注目が集まっています。自国文化の理解に立って世界の音楽を理解するという立場と，世界音楽の理解に立って自国文化の理解を深めるという立場をクロスして，音楽に対する見方を広げ深めようとする発想からです。

【教育】(education)

　一般に教育とは「教え育てること。人を教えて知能をつけること。人間に他から意図をもって働きかけ，望ましい姿に変化させ，価値を実現する活動」〔『広辞苑』第6版，2008年〕であるとされています。日本ではこのように「教える」という働きが強調されていますが，英語のeducationのもとになっている動詞educe も，ドイツ語のErziehungのもとになっている動詞ziehen も，さらに，それらの語源となっているラテン語のeducatioの動詞educo も，すべて「引き出す」という意味から来ており，西欧の概念では，むしろ「育てる」という働きが強調されているように思われます。

　昔から，教育は人間が動物と決別し，人間になった時から行われていると言われています。しかし，原始・古代社会においては，ギリシャのポリス共同体教育は別として，多くの場合その内容は技能の伝承が中心であり，その方法も生活の中で労働と密着して行われていたにすぎません。中世になると，貴族・僧侶・軍人など一部の階級で自覚的・系統的な人文的教養教育が行われましたが，全体としては，ギルド（中世ヨーロッパの都市で組織された商人や手工業者の独占的同業者組合）の徒弟教育にみられるような，技能と知識の伝承が教育の実態であったとされています。

　近代になって，「産業革命」と「市民革命」の二つの画期的な出来事を経て，はじめて本格的な学校教育制度が確立されることになります。コメニウス，ペスタロッチ，ヘルバルトらによって徐々に確立された近代の教育理論においては，「教育とは，学校内外において，訓育（学習者に世界観的・性格的影響を与える作用）と陶冶（学習者が知識・技能を習得する作用）を通して，人格の形成を実現する過程である」[9]とされてきました。一方，アメリカではデューイの高弟，キルパトリックによって「教育とは，古い経験に照らして新しい経験を秩序付けることである」[10]という大変わ

15

かりやすい定義も行われています。

　昭和21年8月，内閣総理大臣の教育諮問機関として発足した教育刷新委員会（昭和27年からは中央教育審議会となる）は，第1次アメリカ教育使節団報告書の方針に従って，教育基本法・学校教育法などの教育法規大系を定め，戦後教育は本格的な歩みを始めました。昭和22年には学習指導要領一般編（第1次試案）が，同26年には同一般編（第2次試案）がそれぞれ出版され，昭和33年には第3次として戦後初めて「告示形式」〔「官報」掲載の通知形式をとって周知徹底されるもの〕にのっとった小・中学校学習指導要領が改訂・告示されました。この時点で「試案期」は終わり，学習指導要領は法的根拠をもって学校教育法の中に位置付けられることとなったのです。

　その後学習指導要領はほぼ10年ごとに改訂・告示が行われました。昭和22年の試案・出版から今日までの経緯は以下の通りです。

- 第1次 昭和22（小・中）試案出版
- 第2次 昭和26（小・中）試案出版
- 第3次 昭和33（小・中）35（高）改訂・告示
- 第4次 昭和43（小）・44（中）・45（高）改訂・告示
- 第5次 昭和52（小・中）・53（高）改訂・告示
- 第6次 平成元（小・中・高）改訂・告示
- 第7次 平成10（小・中）・11（高）改訂・告示
- 第8次 平成20（小・中）・21（高）改訂・告示
- 第9次 平成29（小・中）・30（高）改訂・告示

　「学校教育法」によれば，「学校とは，小学校，中学校，高等学校，中等教育学校，大学，高等専門学校，特別支援学校及び幼稚園とする」と規定されており，保育園は幼稚園とほぼ同等の教育を行っていますが，今日まだ厚生労働省の管轄下にあり，学校の中に含まれていません。このうち学習指導要領を示している学校は小学校，中学校，高等学校，中等教育学校及び特別支援学校で，幼稚園は「教育要領」が，保育園は「保育指針」がそれぞれ学習指導要領に対応して示されています。なお，「職業もしくは実際生活に必要な能力を育成し，又は教養の向上を図ることを目的として，次の各号に該当する組織的な教育を行うもの」（一　修業年限が1年以上，二　授業時数を満たしている，三　定員40人以上）を専修学校と呼び，これを学校に含めています。

　教育を対象とし行われる学問研究とその成果を総称して「教育学」（［英］pedagogy，［独］Pädagogik）と呼び，西欧では宗教改革後，ヨーロッパ各地を遍歴したコメニウスによってはじめての系統的な教育学書『大教授学』（1632年頃）が著わされました。この本に添付された世界初の教科書『世界図絵』は，17世紀当時の世界観に基づく，さまざまな事物を描いた素朴な木版画150点のそれぞれをやさしい文章で解き明かした，教育史における古典的名著とされています[11]。

　近代の教育学は，ルソー，ペスタロッチ，ヘルバルトらの論考・著作を経てわが国にも多大な影響を及ぼしましたが，明治前期は主としてアメリカの影響を，そして明治中期以後はドイツの影響をそれぞれ受けて，盛んに欧米教育学の紹介が行われました。日本で初めて本格的に教育学

を論じた書は，なんと日本の唱歌教育の元祖，音楽取調掛長，初代東京音楽学校長，のちに東京師範学校長となる伊澤修二の『教育学』（1882）だったのです。

　伊澤修二の出生地，長野県高遠町は，本書第5章で紹介するように，東京藝術大学百周年記念事業の一つとして伊澤修二記念音楽祭を企画し，昭和62年11月1日，東京藝術大学音楽学部4年生のオーケストラを招き，第1回の演奏会を行いました。演奏会に先立ち，高遠小学校5年生児童を対象に，筆者が伊澤先生になって，伊澤先生作曲の《子供子供》を，伊澤先生の指導法（ヒフミ唱法）で，身体表現を交えながら20分間の唱歌授業を行いました。終わりに伊澤先生の声色を使って「高遠は永遠に不滅じゃ」と一喝，大喝采を浴びたことをありありと思い出します。

　この記念音楽祭は今なお継続されており，筆者は定年退官を迎えるまで19年間，小学生の部の事前指導をしてきました。1学年2学級の高遠小学校と少人数の高遠北小学校の子どもたち，先生方は，それぞれの学校の特徴を生かしながら素晴らしいパフォーマンスを展開してきました。高遠小は合唱や器楽演奏でハイレベルの演奏をし，北小は創作音楽劇で少人数ながら，せりふ・演技・即興表現・背景画などで創意工夫を凝らし，それぞれ観客を大満足させてくれました。

　さて，戦後のわが国の教育学研究は，主として教員養成大学の教科教育担当教官の手で，教科ごとに学問体系を構築しようとする方向と，ドイツの教授学研究の伝統を受け継いだ一般教育学の学問体系から，各教科教育学を構築しようとする方向が並列してきましたが，昭和後期になって，日本学術会議教科教育学研究連絡委員会が両方向を統一する努力を開始しました。

(2) マルコム・テイトの思考・感受・共有論から

　「音楽はなぜ学校に必要か」という私たちの基本的な疑問に答えるためには，まず子どもたち（「人間」）と音楽活動（「音楽」）と学校生活（「教育」）のかかわりについて掘り下げて考えてみる必要があるでしょう。すなわち「子どもたちの生活経験」（人間）と「歌唱・器楽・創作・鑑賞の活動」（音楽）と「保育園・幼稚園・初等中等学校の学習活動」（教育）の，それぞれ固有の本質と相互のかかわりについてきめ細かく考えた上で，この3者に共通する根本性格を突き止めなくてはなりません。

　この重要問題について組織的・体系的な論考を提起したのは，アメリカの音楽教育学者，マルコム・テイト（Malcolm Tait, 1933 － ，ペンシルヴェニア州ウェスト・チェスター・ユニヴァーシティー音楽学部教授）です。テイト教授はポール・ハック（Paul Haack, 1935 － ，ミネソタ・ユニヴァーシティー音楽学部教授）との共著『音楽教育の原理と方法』[12]の第1部「音楽教育の原理」において，「人間」と「音楽」と「教育」についての鋭い考察を展開しています。そこで以下，このテイトの「思考・感受・共有論」の概要を紹介しておきましょう。

　第1章「人間」では，人類の特性に関するさまざまな論考を検討したうえで，人間の並外れた優れた能力として「思考」（thinking），「感受」（feeling），「共有」（sharing）の3者に焦点を当てています。そして，これらの能力は，特に音楽行動とその可能性を提供し，ひいてはそれが人間の全面発達の可能性をも引き出すことにもつながると述べています。この3者の特質は以下のように要約されるでしょう。（**図3**参照）

　・思考　人間の主要な目標の一つは，自己を取り巻く周囲の事情，材料，構造，ならびにそれら

図3　人間と音楽と教育のかかわり
全日本音楽教育研究会編（2009）『平成21年度 全日本音楽教育研究会 全国大会 東京大会要綱』，151頁

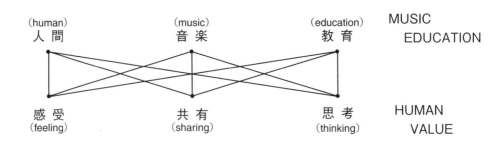

を含む活動領域を批判的に分析し続け，そのことによって，こうした環境の中で自己の場を広げ，築き上げ，強めることである。この活動を推し進めるものが「思考」である。

- **感受**　心や中枢神経における人間感情の位置は，思考過程のそれに比べて，よりはっきりしているとは言いがたい。しかし，生命の強力な力としての感受・感情の存在に疑いを抱くものはだれもいない。その領域は，振幅・強さ・質的な価値などによって細分化され，無限の広がりを見せている。
- **共有**　共同体の中における自分の独自性を知り，共同体に対してその独自性を進んで役立たせることによって示す，人間の社会的参加を意味する。思考と感受が本質的に内的相互過程だとすれば，共有は基本的な外的相互過程であり，思考と感受が効果的に行われ適切に結び付いたとき，自然に生じてくるものである。

　テイトは，人間が成長・発達を目指すとき，何よりも大切なことは，これら3者のバランスを取ることだと主張しています。現代社会に生きる人間に求められるものは，鋭く確かな「思考力」と豊かで柔らかな「感受力」がバランスよく結び付き，そこからその人間に関与するすべての人々の間に，暖かな「共有感」が芽生えてくるような人間の生き方・あり方を追究しようとしています。そして音楽活動は，まさにそのような生き方・あり方を追究し実現する絶好の過程であると考えています。

　続く第2章では，「音楽」の根本問題が論じられます。テイトは図4に示したように，「音楽」という営みの特性を「物理的特性」（振動・強度・長短など），「形態的特性」（メロディー・リズム・ハーモニーなど），「美的特性」（線・形・空間など）の3つの特性からとらえ，それらを相互に関連した「音の現象」（外的所産としての音楽）として，音楽経験の一方の役割を担う一翼ととらえています。そして，もう一方のサイドとして，「音の現象」と対応した形で「人間の現象」（内的実現としての音楽）を位置付け，そこには「イメージ的経験」に結び付くもの（色彩豊かな・角ばった・うつろなど），「隠喩的経験」に結び付くもの（怒った・優しい・平和など），「生のアナロジー的経験」に結び付くもの（エネルギー・成長・安定など）の3種が存在し，それらがさまざまに絡み合い，「音の現象」と「人間の現象」の両者があいまって「音楽経験」という営みが成立するのだと考えています。

図4　音の現象と人間の現象を結合した音楽経験のあり方

マルコム・テイト&ポール・ハック著(1984),千成俊夫・竹内俊一・山田潤次訳(1991)
『音楽教育の原理と方法』,音楽之友社,69頁

外的所産としての音楽——音の現象			音楽経験総合の中枢	人間の現象——内的実現としての音楽		
物理的特性	形態的特性	美的特性	例	生のアナロジー的経験	隠喩的経験	イメージ的経験
振動	音	線		エネルギー	怒った	色彩豊かな
エンヴェロープ	メロディー	形		成長	優しい	角ばった
強度	リズム	空間		安定	平和な	うつろな
長短	ハーモニー	様式		逸脱	浮動する	牧歌的な
波形	ソナタ	デザイン		引力	はずんだ	敬虔な
延長	ロンド	パターン		複雑性	みなぎる	愛国的な

注：Adapted from Malcolm Tait, "Self in Sound", Music Educators Journal, November 1980, P.51,

　そして,図5に示したように,「音の特性」(物理的・形態的・美的)と「人間経験」(イメージ・隠喩・生のアナロジー)が「結合行動」(思考・感受・共有)によってバランスよく統合されるような3者の相互関係の成立にこそ,音楽教育の根源が存在するのだ,と主張しています。
　また第2部「音楽教育の方法」では,教授・学習・計画・評価のすべてにわたる新しい枠組み

図5　音の特性,人間経験,結合行動間関連　(前掲書,71頁)

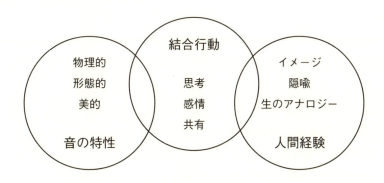

を提案しています（詳細については本書，第1章【提言①】の第3節［26～27頁］を参照されたい）。

　以上のようなテイトの発想を参考にしながら，私たちの「音楽はなぜ学校に必要か」という問題を考えてみましょう。第一の問題として「子どもたちの成長・発達」を取り上げれば，「子どもたちが人間として成長していく」ために，私たちはどんなことを望むでしょうか。子どもたち一人ひとりの発達過程や発達段階に応じた知識や技能を確実に習得することのできる人，言い換えれば，思考力や判断力を身に付けた，しっかり考える（think）ことのできる人間になってほしいと誰もが思うはずです。身に付けた知識や技能をもとにして，日常生活のさまざまな問題を発見し，それを解決に導く強い意志と実践力に支えられた思考力・判断力・表現力こそ，これからの時代や社会を生き抜いてゆく人間の基本的資質と言えるでしょう。

　しかし，私たちの望みはおそらくそれにとどまらないでしょう。子どもたちは，学校・家庭・地域における日常の生活経験の中で，楽しかった，うれしかった，悲しかった，寂しかった，美しかったといった「心のそよぎ」に気付き，「どうしてそうなったんだろう」と疑問を感じたり，「もう一度確かめてみよう」といった課題をとらえたりしながら，そうした「心のそよぎ」について振り返る中から，さらに強い「気持ちの高まり」を意識して，「この気持ちを表現してみたい」，「そのためには何を，どのように使って表現したらよいのか」といった「作品の創造」に立ち向かうことになります。このようにして，私たちは子どもたちが日常生活から芽生えたさまざまな感情に気付き，それらの表現について鋭く感受する（feel）ことのできる，しなやかな感性を育んでほしいと願うのではないでしょうか。

　以上のような深く「考える」人間，鋭く「感受する」人間の育成だけで，私たちは，これからの時代や社会を生きる子どもたちの人間の資質として満足できるでしょうか。「考える」「感受する」と並ぶもう一つの重要な資質があるのです。それは，温かく豊かに「分かち合う」（share）という人間間の営みです。これからの時代や社会で求められる人間像は，単に「考える」「感受する」といった個人的・閉鎖的な生き方・あり方に甘んじるのではなく，習得した知識や技能の確かさ・すばらしさを仲間とともに共有することのできる人間，さまざまな手段を用いて人間感情の諸相を表現した作品を感受・知覚し，その特質や良さを仲間と味わい合う人間，豊かな感性を介して互いに理解し合うことのできる人間ではないでしょうか。こう考えてくると，これからの時代と社会を担う人間に求められる根源的資質は，「思考」（thinking），「感受」（feeling），「共有」（sharing）の3者を備えた人間，そして，それらをバランスよく統合し調和させることのできる人間であると言えるでしょう。

　この「共有」の理念は，現代社会に巣食う根源的問題状況の克服という課題意識からきています。教育学者の広岡亮蔵氏は，現代社会の特質とそこに生きる人間の問題状況を次のようにとらえています。

　現代は「変化と変革の時代」の時代であり，「人間存在の危機の時代」である。ここから，
　① 産業構造の変化による人間性の疎外
　② 急激な人口移動と都市集中による人間の孤立化
　③ マスコミの驚異的発展による人間の定型化
　④ 科学技術の躍進による人間能力の細分化

の4状況が出現している[13]。広岡氏が指摘するように，現代社会の危機的状況は，疎外化・孤立化・定型化・細分化といった形で，人間間のかかわりに病理的ともいえる断絶的傾向をもたらしています。芸術もまたこうした危機的状況下にあって，疎外の代償や欲求不満のはけ口として，また，孤独からの逃避として，あるいは，操作された娯楽の対象として，さらに，商業的利益追求の手段として，芸術の自律的価値は捨象され，喪失しかねない状況に立ち至っているのではないでしょうか。こうした状況を克服する根本原理は，「競争原理」から「共有原理」への発想転換であると考えます。

テイト教授は，「共有とは共同体の中における自己の独自性を知り，共同体に対してその独自性を進んで役立たせることによって示す，人間の社会的参加である」という社会心理学的定義付けを行っています（M.テイト＆ P.ハック著，前掲訳書28頁）。そして，この「共有」こそ「思考」「感受」をつなぐ，これからの音楽教育の中心理念であると位置付けています。すなわち，「男性も女性も‘年齢にかかわらず’すべて皆，全面的に発達した人は，注意深く考え，深く感じ，広く共有し，そして賢明に，人間的に，かつ社会的に行動するのである。人類の持つこのユニークな特質は，文化を生み出す社会的な方法で，考え，感じ，共有するという，並外れたその能力から生じるのである」（同書4頁）と言うのです。

広岡教授が唱えた現代社会の危機的状況を克服するものは，まさに，「思考」(thinking)，「感受」(feeling)，「共有」(sharing) のバランスの取れた追究であると言えるでしょう。思考だけでも，感受だけでも，共有だけでも問題は解決されません。3者が一体となって初めて問題解決の方向が定まり，運動のエネルギーが蓄えられるのです。

そして最も大切なことは，この3者のバランスの取れた追究は，子どもたちの全面発達においても，さまざまな音楽活動においても，豊かな学校生活の展開においても，欠くことのできない行動様式であるという点です。深く考え，鋭く感受し，豊かに共有することのできるバランスのとれた人間の育成こそ，これからの時代と社会に求められる教育の根本課題です。

同様に，子どもたちのさまざまな音楽活動の展開においても，深く考え，鋭く感受し，豊かに共有するというバランスの取れた営みが成立しなければ，そんな音楽活動には何の意味もありません。さらに，子どもたちの学校生活全体についても，まったく同じことが言えます。深く考える学級活動，鋭く感受する音楽の学校行事，さまざまな特別活動における感動体験の共有，こうした営みがバランスよく展開されるとき，はじめて子どもたちの人間的な全面発達が成し遂げられるのです。

「人間」と「音楽」と「教育」を根源において結ぶもの，それは，「思考」「感受」「共有」の調和的追究であり，これこそ現代教育の根本課題と言わなくてはなりません。音楽はこのようにして人間教育と学校教育の根幹に位置付けられ，音楽教育は学校教育と人間教育に欠くことのできない営みとしての，崇高な人間的・教育的価値を持つものなのです。

「音楽はなぜ学校に必要か」──それは音楽と人間と教育が，感受・思考・共有という素晴らしい人間的価値と強く深く結び付いているため，音楽抜きにしては，人間として豊かに成長することはできないし，学校生活の中で友達との温かい絆を結び合うこともできないからです。音楽・人間・教育という美しい花は，感受・思考・共有という共通の滋養豊かな土壌によって培われた

ものであり，これら6者は相互に深い連携を保って成立しているものであると考えられます。

注
(1) 西田雅弘（1992）「人間学としてのカント哲学」『下関市立大学論集』第36巻第1・2合併号 139頁
(2) 桜井佳樹（2000）「教育人間学」教育思想史学会編『教育思想事典』勁草書房
(3) 田邊史郎（1984）「音楽」吉川英史監修『邦楽百科辞典』音楽之友社 176〜177頁
(4) 渡辺護（1974）「音楽の本質」竹内敏雄編『美学辞典増補版』弘文堂 318頁 MENC Contemporary Music Project, comprehensive musicianship. Music Educators Journal 59, No.9 [May 1973], p.318
(5) U.ミヒェルス編（原書, 1977）『図解音楽事典』（1989）日本語版監修 角倉一朗 白水社 12頁
(6) 権藤敦子・山本文茂・本多佐保美（1999）「芸能科音楽の歴史的意義」浜野政雄監修『音楽教育の研究』音楽之友社 251〜309頁
(7) NHK放送世論調査所編（1982）『現代人と音楽』日本放送出版協会 68頁
(8) 柴田義松（1980）「教育学の課題と方法」柴田義松他編『教育原理』有斐閣 7頁の図を参考にして筆者が定義したもの
(10) 細谷俊夫他編（1978）『教育学大事典』第2巻 第一法規 250〜251頁
(11) J.A.コメニウス著『世界図絵』井ノ口淳三訳（1995）平凡社
(12) 原書1984 邦訳1991 千成俊夫・竹内俊一・山田潤次訳 音楽之友社
(13) 広岡亮蔵著（1974）『教育内容の現代化』明治図書 41〜42頁

❷ 感性を育てる

　昨年末（昭和62年12月）に出された教育課程審議会の答申における音楽科の基本方針は，「音楽に対する豊かな感性を養うことに重点を置き，児童生徒の発達段階に即して個性的，創造的な学習活動が活発に行われるよう内容の改善を図る」というものであった。現在この方針に沿って新学習指導要領が作成されている段階であるが，どうやら今次改訂の目玉は，「感性」と「個性・創造性」に求められるもののようである。

　感性とは一体何であろうか。そしてそれは，現行学習指導要領における情操，心情，音楽性とどのような関係を持つのであろうか。これらの詳細については，本特集に寄せられた諸論文が明確な見解を展開してくれるものと思うが，以下に筆者の見解を切り詰めて記しておこう。

　まず，感覚的認識能力としての感性は，人間の内面的現象，能力，状態を包括し，統合するものである，という点を見落としてはならないだろう。そしてカントの言うように，「感性」によって諸対象はわれわれに与えられ，「悟性」によって諸対象は思惟され，「理性」によってそれらは総合・統一されて，そこに判断が成立することになる[注]。

　こうして感性は，価値判断を促す鋭敏な直観力という根本性格をもって，情操・心情・音楽性などの目標理念と関連することになるであろう。それらの関係を約言すれば，音楽性（感受力・

知覚力）の基礎は，心情（興味・関心・意欲・態度）ならびに感性（価値判断に向かう鋭敏な直観力）とあいまって，情操（持続的価値感情）の陶冶を実現する，という構図である。

　この構図が美しく彩られるためには，今後，学習指導要領の具体的内容が目標理念にふさわしく措定されなくてはならないし，続く教科書編修においても，大胆な発想転換が必要になるであろう。

〔注：対象を分析・加工・統合し，抽象する能動的・自発的な思考能力である「悟性」と，感覚的直観を通して対象に対する意識内容を定着させ，思考を進める素材を提供する受動的・受容的・基礎的能力である「感性」とを究極的に統一する能力が「理性」である，とする『判断力批判』の考え方〕

『季刊音楽教育研究』（No.57）

【提言①】
「感性を育てる音楽指導──新たな発想の枠組みを求めて」

筑波大学附属小学校初等教育研究会刊『教育研究』No.1071　平成3年5月号特集／感性と教育

1. 感性とは何か

　今次学習指導要領（平成元年改訂・告示，第6次）の改訂に向けて教育課程審議会が打ち出した基本方針の中には，「豊かな心をもった人間の育成」，「個性を生かす教育の充実」といった教育理念が明確に謳われている。これは，科学技術の驚くべき進展やあふれるばかりの情報化社会の中で，人間が物質のとりこになり，まるで機械の一部品のように，無表情で冷たい存在になってしまうのを何としても食い止めねばならない，という国民全体の願いが反映されたものであろう。

　「豊かな心の教育」や「個性を生かす教育」という考え方の根底にあるものは，人間の感性に対するゆるぎない確信である。ドイツの偉大な哲学者，カント（Immanuel Kant, 1724 − 1804）は，1790年の著書『判断力批判』において，人間の認識能力として，概念による思考能力である「悟性」（Verstand）と並んで，感覚的直観の能力である「感性」（Sinnlichkeit）の重要性をあげ，この「悟性」と「感性」とを究極的に統一する能力を「理性」（Vernunft）と名付けた。カントの定義によれば，「悟性」は対象を分析・加工・統合し，抽象する能動的・自発的な思考能力であるのに対し，「感性」は，感覚的直観を通して対象に対する意識内容を定着させ，思考を進める素材を提供する受動的・受容的・基礎的能力であるとされている。

　このようにして感性は，人間の認識能力の基礎として，近代・現代の教育の中で欠くことのできない位置を占めるようになった。音楽や図画工作・美術が学校教育における教科の大切な部分として位置付けられている背景には，こうした「感性の教育」という深い哲学的・認識論的な根拠が厳然として存在していることを忘れてはならない。

　さて，ここで図6に示した平成元年告示の小学校学習指導要領・音楽の目標文を見ると，「表現及び鑑賞の活動を通して，音楽性の基礎を培うとともに，音楽を愛好する心情と音楽に対する感性を育て，豊かな情操を養う」とある。

　「音楽に対する感性」とは一体何か。文部省によればその答えは「聴覚を通した音楽的刺激に対する反応，すなわち，音楽的感受性ととらえることができる」（同省編著『小学校指導書　音楽

図6 音楽科の目標構造

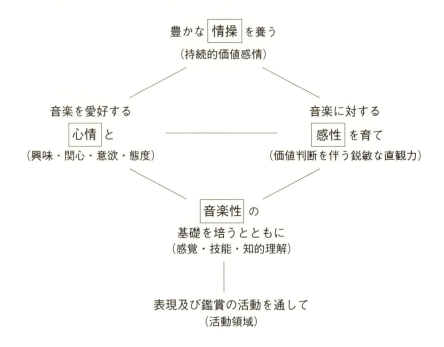

編』，7頁）という。だが，前記カントの概念規定に立ち返ると，どうやら「感性＝感受性」というとらえ方から一歩踏み出して，「感覚的直観能力」という面にも光を当てる必要があるように思われる。

　そこで，「音楽に対する感性」という言葉を「音や音楽の価値判断の基礎となる鋭敏な感受力と直観力」と言い換えてみよう。人間の欲求や願望を満たすものを一般に「価値」と言い，その欲求や願望をどの程度まで，あるいは，どの範囲まで満たすかを突き止めることを一般に「価値判断」と言っている。その価値判断を感受力や直観力によって鋭く，すばやく行う源となるものが「感性」である。単なる感覚と違って，感性にはこのような価値判断に向かう方向性が付与されているのではないか。

　こうとらえてくると，音楽科の目標文に含まれている「音楽性」「心情」「感性」「情操」という4つの理念・目標概念が，図6に示したようなすっきりとした構造と関係位置をもって，鮮明に浮かび上がってくる。

2. 音楽活動の根源にあるもの

　「音楽に対する感性を育てる」という目標理念が新たに組み込まれたことによって，これからの音楽指導はどのように変化していくのであろうか。また，どのように変化していくべきであろうか。

　現代日本を代表する作曲家，武満徹は，1960（昭和35）年，《水の曲》というテープ作品を作った。これは，電気的に合成した音をいろいろと組み合わせて，水のさまざまなイメージを音響作品と

して結実させた名曲である。筆者の印象を言葉で表現すれば，静かな山里で時おり鳴り響くかん高いししおどしの竹の音，その竹から流れ出た水が岩間の小さな流れとなる。その水はしたたり落ちたり，あふれたりしながら，次第に谷川に合流していく。ある時はゆっくり流れ，ある時は早瀬となり，時には滝つぼに流れ落ちる千変万化の水のありさまを，これほど見事にとらえた曲はほかに見当たらないだろう。

　私たちはこの曲を聴きながら，水という流動体の微妙に変化する姿や性質をありありと意識することができるばかりか，水の音をこのように鋭くとらえた武満の感性に触れることによって，水というものの現実を再認識するようになるのである。《水の曲》の聴取体験を通して，私たちがこれまで以上に注意深く水の音を聴き取るようになるということは，音楽が私たちの洞察力や認識力を深め，鋭くするということを意味している。

　音楽はこれまで，ともすれば文字通り「音を楽しむもの」「音で楽しむもの」と考えられがちであった。確かに音楽にはこのような娯楽としての側面はあるが，「感性」の教育理念が導入されたことによって，音楽には新たに「現実認識の媒体」「自己表現の手段」といった側面が，これまで以上に注目されるようになるだろう。音や音楽の経験を通して，ものごとの本質を見通し見極める力を養っていくためには，どのような手立てを考えたらよいのか。すなわち，感性を育てる音楽指導の方法原理はいったい何か。

　話をふたたび武満の《水の曲》に戻そう。子どもたちは，水や水の音を経験的によく知っている。あまりによく知っているために，水というものに意識を集中したり，水の音を注意深く聴き取るといったことはめったにない。水も水の音も子どもたちの意識下に潜在化してしまっているのだ。そこで，意識下にあるものを顕在化させる手立てが必要になる。

- 水中で声を出す。
- 水の入った器に水滴を滴らせる。
- びんの口を逆さにして水槽に沈め，ゆっくり立てる。
- 竹筒でししおどしをつくって鳴らす。

　このような非日常的な活動を通して水の音の直接体験を持つならば，子どもたちは水の持つ無限のひびきのイメージをふくらませ，それらをもとに，子どもたち自身の《水の曲》をみんなでつくることができるようになるであろう。こうした創造的な活動を行った後に武満作品に出会えば，おそらくどの子どもも，

「あ，おもしろいひびきだ」

「へぇ，こんなひびきがあるんだ」

「あれ，ここんところ，○○くんの考えたひびきによく似ているね」

といった鋭い反応を示すにちがいない。そして，彼らは武満の感性に驚嘆するとともに，自分たちも武満と同じような曲をつくったんだ，という満足感に満たされるであろう。そしてもっと大切なことは，教師自身が子どもの豊かな鋭い感性に気付き驚嘆することである。子どもは作曲家と同じくらい鋭い感受力・直観力・洞察力・創造力を宿しているのだ，ということに気付くことが重要なのである。それなくしては，教師自身の感性は決して覚醒されないからだ。

　作曲家作品を介在として，子どもと教師，子どもと子どもの間に共通のものが成立していく過

程——これこそまさに音楽授業の本質であり，コミュニケーションの原点である。感性の教育という理念の導入は，音楽指導のパラダイム転換を迫らずにはおかない。

3. 音楽指導の新しい枠組み

前節ですでに述べたように，アメリカの著名な音楽教育学者，マルコム・テイトとポール・ハック（Malcolm Tait & Paul Haack）は，近年の心理学，社会学，民族学，教育学・音楽学などの知見を総合する形で，人間の生活過程，教育の機能，音楽の営みの3者に共通する特質が，「考えること」（thinking），「感じること」（feeling），「分かちあうこと」（sharing）の3つであることを突き止め，この3つの特質をバランスよく育てていけるような音楽指導の新しい枠組みを提案している[1]。その第1部「音楽教育の原理」では，「人間と音楽と教育を根源において結び付けているものは，感受と思考と共有である」という根本原理を提起している。そして，第2部「音楽教育の方法」では，教授・学習・計画・評価の新しい枠組みとして，図7のような「音楽行動の可能域」を図解している。

その枠組みによると，子どもの音楽行動は，音の性質をつかみ取る「知覚」（perception）と，人間的経験につながる「反応」（response）に大きく2分される。そして，「知覚」は，呼吸・発音・発声，運指，タンギングなどの技能的側面をつかみ取る「身体的知覚」，リズム・旋律・和声，音色・音力・速度，形式などの構成的側面をつかみ取る「要素的知覚」，表現内容，表現媒体，表現形態，創造過程などの美的側面をつかみ取る「美的知覚」の3つに分けられている。

また，「反応」は，場所・人物，物体，色・形，動きなどへの置き換えが行われる「想像的反応」，怒った，悲しげな，生き生きとした，威厳のある，押しつけられた，すばやい，滑らかななど，感情や運動の暗喩[2]が行われる「連想的反応」，期待，逸脱，抑圧，緊張，成長，沈下，方向，救済，確証など，生活過程との類似関係を突き止める「類推的反応」の3者に分けられている。そして，これら知覚と反応の各々の音楽行動を相互に結び付ける役割を果たすものが人間の「考える」「感じる」「分かちあう」という3行動である。

この枠組みは，感性を育てる音楽指導を展開しようとするとき，非常に役に立つ。子どもたちが21世紀に向けて人間らしく育っていくためには，確かに考える，感じる，分かちあうの3つの経験がバランスよく積み重ねられなくてはならない。また，教育の機能の根本をなす訓育作用や陶冶作用を，バランスよく教育課程として組み上げようとするとき，さらに，音楽という営みの本質的な過程をなす価値認識・価値創造・価値存在・価値評価といったメカニズム[3]のすべての次元において，この3つの特質は，人間の行動の焦点となりうるであろう。

カントが人間の認識能力として悟性・感性・理性を重要視したのと同じ発想が，このテイト＆ハックの基本フレームに認められるとも考えられよう。これからの音楽指導は，「よく考える子」「鋭く感じとる子」「あたたかく分かちあえる子」の，調和のとれた育成を目指して行われなくてはならない。こうしたニュー・パラダイムのもとでこそ，新・指導要領（音楽）の目玉である「つくって表現できるようにする」活動は燦然と輝き始めるであろう。

図7 音楽行動の可能域 （訳書222頁の図を筆者が訳し直したもの）

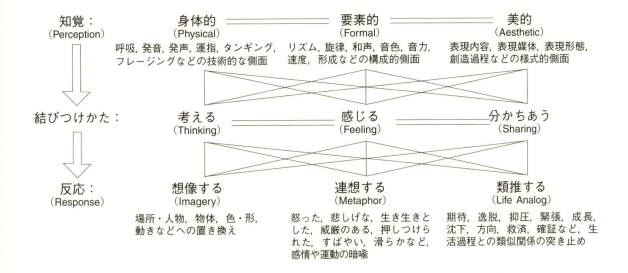

注
(1) Malcolm Tait and Paul Haack (1984). *PRINCIPLES AND PROCESSES OF MUSIC EDUCATION*, Teachers College Press, Columbia University. 邦訳はマルコム・テイト & ポール・ハック著　千成俊夫・竹内俊一・山田潤次訳 (1991)『音楽教育の原理と方法』, 音楽之友社
(2) 隠喩ともいわれる修辞法の一つ。Metaphorの訳語。「雪の肌」「りんごのほお」に代表されるように, 例えをひいて説明するのに, 表現上では「の如し」「のようだ」といった例えの形式になっていないもの。
(3) 本書第4章「⑬自己表現力の育成と創造性」の拙稿論説「音楽教育における表現力の育成」(2) に掲載した図16「芸術創造のメカニズム」を参照されたい。

❸ 創造的音楽づくりとは何か

　子どもの柔軟な発想を生かした楽しい音楽授業, 約束事にとらわれない自由な音楽づくりの学習指導をどう展開したらよいか——このような問題意識を持った教師は少なくないであろう。とりわけ, 小学校全科担任教師の多くは, 児童の全面発達, 全人的成長を希求して, 教科間の枠を超えた合科的音楽授業の組織の可能性を追究しているに違いない。音楽技能の水準はともかく, 音楽という教科の本質的な価値や特質についての彼らの理解は, 想像以上に深く, 的確である。
　これに反して, 音楽技能のある程度の水準を獲得した小学校専科教師や, 中学・高校の音楽教師（筆者もその一人）は, その技能がよって立つ音楽様式の枠の中で音楽をとらえ, 授業の設計に立ち向かう傾向が強いのではないだろうか。しかもその音楽様式は, ほとんどの場合, 西洋近代機能和声音楽（バロック・古典派・ロマン派音楽）の域を出ていないのではないか。
　現実の社会には多種多様な音楽が存在している。学校というものが社会的存在である以上, 学

校の音楽が社会の音楽と隔絶してよいはずはない。音楽科教育は，あらゆる種類の音楽とかかわりを持つべきである。特定の音楽様式だけを児童・生徒に押しつけるのではなく，生涯的展望のもとに，多様な音楽の中から主体的に価値を選び取る力量を身に付けさせるのが，音楽教育者に課せられた責務であろう。

今こそわれわれは，「価値観形成」を目指した音楽指導の全体構造を解明しなくてはならない。この画期的作業の糸口は，おそらく，ジョン・ペインター＆ピーター・アストン共著『音楽の語るもの』で示された36のプロジェクトをモデルとした，「創造的音楽づくり」の導入に求められるであろう。

〔補足説明：プロジェクトはひとまとまりの学習単元を指し，A（学習課題），B（探求活動），C（児童作品の検討），D（作曲家作品との比較）の4活動からなる。プロジェクトはAブロック（現代の語法による表現素材の探求，10題），Bブロック（他芸術との統合を目指すマルチ・メディア技法の開発，10題），Cブロック（伝統的語法による音楽理論の理解，16題）の3グループで構成されている。〕

『季刊音楽教育研究』（No.42）

【授業①】
「現代音楽の教育的可能性──《ワルソーの生き残り》を追体験しよう」 (1980)

特集／音楽教育＝80年代に向けて『季刊音楽教育研究』（No.42）

本事例は，昭和51年1月から2月にかけて，当時筆者が専任教諭をしていた東京都立小松川高校，1年男女クラス（男子24名，女子22名）を対象に，週連続授業の後半を，ペインター＆アストンの共著 “SOUND AND SILENCE” (1970) の実践に当てたものである。

●指導計画（全8時間）
- ・第1時　第3学期学習テーマ「楽譜をどうとらえるか」の説明。楽譜の背後にある音楽的意味や秩序の洞察の重要性。学習路線（学習計画）の展望。
- ・第2時　原典版バッハ「インヴェンション」第1番の生徒数名による演奏。フレージング，音力法のばらつきの原因究明とアナリーゼ（楽曲分析）の必要性について。同曲主題よるソルフェージュ学習。
- ・第3時　クラス授業形式によるバッハ教材曲のフレーズ構造分析。楽曲構成原理の究明。即興演奏のためのグループ分け資料（“S&S”のプロジェクト，計36の概要プリントの説明）。
- ・第4時　各人の志望によるグループ分け。“S&S”の各プロジェクトの原文資料配布と趣旨説明。発表日程の予告（2月中旬より週2，3グループあて）。
- ・第5時　クラス即興演奏の導入。題材はシェーンベルク《ワルソーの生き残り》のナレーター・テキスト（和訳）に即興伴奏メモを付したもの。12音旋律と12音和声の即興表現。「《ワルソー》即興演奏プラン」（指揮譜に相当）とパート譜の配布。パートの割り当て。
- ・第6/7時　グループ発表，《ワルソー》クラス即興表現。
- ・第8時　東京都高等学校音楽教育研究会「研究授業」（図8参照）

以上計8時間の学習は，“S&S”の方法原理である「実験創作」（empirical composition）──素材・技法の即興演奏による実験を重ねながら，選択と排斥の試行錯誤のプロセスを経て作品を完成していくこと──を最大限に活用して，「《ワルソー》の追体験」（現代音楽への創造的アプローチ）をねらったものである。以下に図8に示した第8時の授業展開を再現してみよう。

　[導入] 今日は本題材最後の授業で，東京都の先生方がわざわざみんなの発表を見にきてくださった。まずはその場で，先生方のほうを向いて挨拶のお辞儀をしよう。「よろしくお願いします」。
　さて，今日の勉強の中心は，「音楽の素材」についてです。「音楽の素材」とは，音楽表現のもととなる音の材料のことです。君が音を使って何かを言おうとするとき，その音の材料にはどんなものがあり，その材料はいったいどこにあるのだろうか。
　[展開①] 「シーッ！　静かに！　今君に聞こえてくるものは何だろう」（生徒たちから，自然音，声，息の音，心臓の鼓動などの反応あり）。「そうだ。〈音楽表現の素材の根源はわれわれの内にある〉」（仮説1，板書）。その意味は，現代人と原始人，成人と赤ん坊を比べてみよう。現代人も成人も，その本来のプリミティヴな姿を失っている。生活様式の均一性と多様性，バイタリティーと自己喪失といった極限の混在の中で，音楽は生活から乖離してしまっている。われわれが人間であることを確かめたいという原点からの欲求に立ち返って，楽音や自然音だけでなく，声そのもの，息づかいの音，心臓の鼓動などを音楽素材の根底に置くことはできないか。そんな課題意識から，今日の即興演奏グループの3名は「コントラバスのための《天地創造》」という不思議な音の世界を表現してくれるだろう（心臓の鼓動から気息音，言葉ではない音声，笑い声などの即興演奏。練習ではどうしてもできなかった自然な笑いが今日はじめてできたと生徒は大喜び。2，3の生徒に感想を述べさせたのち，生徒は評価用紙に評価を記入）。
　今日のグループの表現は，原始的リズム，自然な拍節構造からの脱却，沈黙の多用といった点で，「原始主義音楽」といわれる音楽によく似ている素晴らしい音楽だと思います。この種の音楽の代表的作品として，ここで，ストラヴィンスキー《春の祭典》第1部「大地礼賛」より第2曲〈春の兆し〉を聴いてみましょう。（鑑賞後に）ストラヴィンスキーの思いがわれわれの心臓に直接届くような音楽ですね。
　[展開②] さっき聴いたグループ演奏や作曲家作品でもよく用いられた「沈黙」に注目しましょう。「音だけでなく沈黙もまた重要な表現素材である」（仮説2，板書）。表現素材の根源が人間の生身の体，とりわけ心臓の鼓動にあるとしたら，その鼓動の停止（沈黙）には深い意味がある。沈黙はどのような意味を表現できるのだろうか。これについて，次の即興演奏グループ「シンバルのための音楽」の諸君に発表してもらいましょう（非常に静かなシンバルの音響が綿々とつづられていく。2，3の生徒が感想を述べた後，生徒に評価を記入させる）。とても静かな美しい曲にまとまりました。同じパターンを無限に繰り返しているようですが，音楽全体がクレッシェンドとデクレッシェンドに包まれて，素晴らしいコントラストを見せています。フランスの作曲家，オリヴィエ・メシアンは，《我，死者の復活を待ち望む》の第3部〈死者たちが神の声を聞く時がくる〉の中で，グループの諸君と同じような気迫に満ちた表現をしています。（鑑賞後に）この音楽には，広大な空間，無限の展望，神の畏敬と荘厳，沈黙の持つ劇的迫力などが感じられますね。

図8　本時の授業展開　転載文献⑥第42号28〜29頁

過程	時間	教授	動機づけ（6分）
導入（2分）	2:20	今日からいよいよ待望のグループ発表が始まる。今日はその発表を，先生方がわざわざ見にきてくださった。大いにがんばってほしい。さて，今日の勉強の中心は，「音楽の素材」についてである。「音楽の素材」とは，「音	
展開（46分）	2:22		シーッ！　静かに！　今君に聞こえてくるのは何だろう。
	2:24	仮説Ⅰ 音楽的表現素材の根源は，われわれの内にある。 板書	（2分） 現代人と原始人，成人と赤ん坊の比較。生活様式の均一性と多様性，バイタリティーと自己喪失，音楽と生活とのつながり。→ "原点にたちもどって，われわれが人間であることを確かめたい" という欲求。楽音，自然音だけでなく，声そのもの，息づかいの音，心臓の鼓動などを音楽素材の根底に置くことはできないか。
	2:35	仮説Ⅱ 音だけでなく，沈黙もまた重要な表現素材である。 板書	音楽素材の根源が，人間の生身の体，とりわけ心臓の鼓動にあるとしたら，その心臓鼓動の停止→死→Silence（沈黙）は，音楽素材とはなり得ないのか。 （1分）
	2:45	仮説Ⅲ 音楽作品との主体的なかかわりは，作者の感情の打ち震え（原体験）を追体験するところから始まる。 板書	われわれは，生活に対する直接的反応から，また経験を通しての興味から，ある感情の打ち震え（原体験）を覚える。これを表現しようとするとき，表現素材の探求が始まる。選ばれた素材を有機的全体へと秩序付けたものが，音楽作品である。音楽作品との真のかかわりは，単に音楽を聞き流すことでなく，作者の原体験をあらゆる角度から追体験するところに生まれるのではないか。 （3分）
まとめ（2分）	3:08 3:10	音楽学習の真の意味は，「音楽をどう観るか」「音楽とどうかかわるか」について，君たちが，君たち一人ひとりの価値観を自ら確立していくことにある。「音楽の素材」をめぐっての今日のさまざまな学習は，そうした君たち自身の価値観の形成に対して，貴重な手がかりを与えたはずである。また，ストラヴィン	

対象：1年3組（音楽クラス）　男子24名，女子22名　計46名

作品鑑賞（15分）	即興演奏（16分）	学習（8分）

楽の元となる音の材料」のことだ。君が音を使って，何か言いたいことを言おうとする場合，その音の材料には一体
どんなものがあり，またその材料はどこにあるのだろうか。

		自然音，声，息の音，心臓の鼓動 （2分）
レコード鑑賞（4分） ストラヴィンスキー《春の祭典》第1部「大地礼賛」より，第2曲〈春の兆し〉	演奏 グループ・即興演奏「コントラバスのための《天地創造》」（3名）（3分） プリント	評価用紙の記入，感想の発表 （2分） 原始的リズム，自然の拍節構造からの脱却，沈黙の多用
レコード鑑賞（5分） メシアン《我，死者の復活を待ち望む》より，第3部〈死者たちが神の声を聞く時がくる〉	演奏 グループ・即興演奏「シンバルのための音楽」（6名）（3分） プリント	評価用紙の記入，感想の発表 （2分） 広大な空間，無限の展望，神の畏敬と荘厳，沈黙のもつ劇的迫力
レコード鑑賞（6分） シェーンベルク《ワルソーの生き残り》	プリント 演奏（練習風景） クラス・即興演奏《ワルソーの生き残り》（10分）	追体験，ドラマトゥルギー，素材，12音技法，沈黙の意味 （2分）

ンスキーやメシアンやシェーンベルクとの，今日のこの出会いこそ，彼らの作品と君たち一人ひとりとの生涯のかかわ
りの，貴重な出発点であると思う。そのすばらしい出発を，先生方とともに心から祝福して，今日の授業を終わる。

［展開③］さてここからは，クラスの即興演奏として，シェーンベルク作曲《ワルソーの生き残り》の追体験にチャレンジすることにしましょう。「音楽作品との主体的なかかわりは，作者の感情の打ち震え（原体験）を追体験するところから始まる」（仮説3，板書）。われわれは，生活の中で生起するさまざまな直接的反応から，また，経験を通しての多方面にわたる興味から，ある感情の揺らめきや打ち震えを覚える。これを表現しようとするとき，表現素材の探求が始まる。こうして選ばれた素材を有機的全体へと秩序付けたものが音楽作品である。したがって，音楽作品との真のかかわりは，単に音楽を聞き流すことではなく，作者の原体験をあらゆる角度から追体験するところに生まれるのではないか。これが仮説3の意味です。ではまず，シェーンベルク作曲《ワルソーの生き残り》の全体をもう一度聴いてみましょう。（鑑賞後に）12音技法による緻密な音楽のテクスチュアをバックに語られるナレーションのドラマティックな英語表現が，凶暴なドイツ語の叫びによってかき乱され，アウシュヴィッツの悲劇から命からがら逃れた作者の激情が，男声合唱の聖歌によって鎮められていくプロセスは，何度聴いても胸に迫るものがあります。さあ，私たちもクラス即興演奏によって，この《ワルソー》の追体験に迫ることにしましょう（筆者の作成した「語りと即興表現のためのメモ」にしたがって，クラス即興演奏が展開される）。

［まとめ］音楽学習の真の意味は，「音楽をどう観るか」「音楽とどうかかわるか」について，君たち一人ひとりが自らの価値観を確立していくことにある。音楽の素材をめぐっての今日のさまざまな学習は，そうした君たちの価値観形成に対して，貴重な手がかりを与えたはずである。また，ストラヴィンスキー，メシアン，シェーンベルクらの音楽との今日の出会いこそ，諸君と彼らの音楽との生涯のかかわりの出発点であると思う。その素晴らしい出発(たびだち)を参観の先生方とともに心から祝福して，今日の授業を終わることにしよう。

挿絵2
小・中学校の同級生
藤井秀雄君の墨絵

2. 教材の本質を授業に生かす

　教育の目標に応じて選ばれた文化的素材を一般に教材と言うが，音楽科においては，授業の目標を達成するために選ばれた楽曲そのものが教材となる。鳴り響く楽曲そのものの中に教育内容が含まれているからである。

　ところでその音楽教材の本質であるが，これを見極めるのは容易なことではない。教材の本質は教師が決め付けるものではなく，一人ひとりの子どもが自ら発見するものだからである。《さくらさくら》や《もみじ》は，若干の季節のずれはあるものの日本中どこの子どもにも直接体験することのできる情景である。しかし，《ふじ山》は近隣の特定地域の子どもにしか直接体験できないし，《スキーの歌》も今日の子どもの生活感情からは程遠い歌である。

　逆に，日本の子どもたちには何の関係もない《おどろう楽しいポーレチケ》でも，インターネットでポーランドのダンス「クヤビヤク」を調べると，基本ステップが出てくるので，これにしたがって踊りながら歌うことができる。独特の上下動のリズムによって，得も言われぬ面白さがにじみ出てくるのに驚かされるだろう。古典舞踏のメヌエットにしても，映像でステップを学び，踊りながら歌い吹くのはこの上ない楽しみとなるだろう。

　われわれ音楽教師は，あらゆる手立てを尽くして，教材の命の部分を子どもたちに発見させる努力を重ねるようにしたいものである。

❹ 音楽授業におけるコミュニケーション

　音楽教育の研究は，つまるところ，音楽授業の研究に始まり，音楽授業の研究に終わると言える。音楽の教授＝学習にかかわりのない研究は，ともすれば，論理の遊びや知的好奇心の吐露に堕してしまいがちだからである。哲学・美学・心理学・歴史学・社会学といった，音楽教育研究の基層をなす諸科学の手法は，その手法自体が先行してしまうのではなく，音楽授業における教師・音楽・子どもの相互関係を鋭く照射し，そこから音楽授業の有効な組織原理を解明し，その適用の可能性を客観的に立証するために用いられるべきであろう。

　ところで〈音楽〉と〈教育〉の営みを冷静にとらえてみると，両者に共有される本質的・根源的部分として，「コミュニケーション」という複雑で微妙な過程が存在しているように思われる。一般にコミュニケーションとは「2者以上の間に共通のものを成立させていく過程」を言うが，これを音楽授業の現実に即して振り返ってみると，非常に重要な問題が秘められているのを見落としている場合が多い。すなわち，音楽授業においては，「2者以上の間の共通なもの」がある時は言語的であったり，ある時は非言語的であったり，時には両者が混在したりして，コミュニケーションの様相が極めて込み入ったメカニズムの中で成立していると察せられるのである。

　こうした認識に立つならば，音楽科における授業研究や授業分析にも，新たなアプローチが必要になってくるのではないだろうか。たとえば，従来広く行われてきた教授＝学習活動の時系列的流れの分析に加えて，情報探索，情報伝達，情報処理判断，相互学習，自己変革といったコミュニケーション過程の分析がなされなくてはならないし，学習者の側に立って，個体差に〈応じた〉，あるいは，個体差を〈生かした〉音楽授業の成立要因を追究するような，授業研究のモデルが提起されなくてはならないであろう。

『季刊音楽教育研究』（No.45）

【書評①】
稲垣忠彦著（1995）『授業研究の歩み・1960 ～ 1995』

評論社　四六判　456 頁　東京藝術大学音楽教育研究室刊　（1996）『音楽教育研究ジャーナル』第 4 号

　音楽教育学の主要な研究対象は音楽の授業である。音楽を介在とした子どもと教師のかかわりから生起する，さまざまな子どもの変容過程を，研究者一人ひとりの課題意識から組織的・包括的に記述・解釈・解明するのが音楽の授業研究である。だが，その研究方法論はいまだ十分に確立しているとは言いがたい。この意味で，本書はわれわれの模索に貴重な示唆を与えてくれる。

　著者の稲垣氏は，東京大学大学院で「明治教授理論史研究—公教育教授定型の形成」と題する学位論文を完成した後，東北大学助手，宮城教育大学助教授，東京大学教授を経て，現在（平成 8 年）は滋賀大学教育学部教授をされている，教育方法史研究の第一人者である。著者の弟子である佐藤学氏によれば，この論文集から「著者の 35 年間の授業研究の軌跡を知るだけでなく，その軌跡の中に，戦後 50 年の日本の教育と授業の歴史を読み解くことも可能である」という（本書 455 頁）。

第1部「教育史研究から授業研究へ」では，学位論文から導き出された教育課題を教育実践研究に位置付けた，若き日の稲垣氏の内的過程が述べられ，次に，戦後民間教育運動の問題提起（生活綴り方，数教協の教材把握，島小の実践，上原専禄の国民教育論）を授業研究の視点から研究している。実践検討会記録「原始社会」は，著者が初めて教育現場に踏み込み，共同実践研究を行った成果をまとめたものである。

第2部「教授学研究の会に参加して」は，授業実践から教育方法理論を構築しようという課題意識に立って論述されたもので，斎藤喜博，林竹二らの実践を基盤として，授業の技術，表現，教材解釈と教師の想像力，教育実践と教育研究などを詳細に論じている。

第3部「授業研究における工学的還元への批判」では，教育のシステム化，教育方法における教育工学的還元，教育実践のマニュアル化などの動向に対して，著者は，授業実践の形式化につながるとの警鐘を打ち鳴らしている。

第4部「授業のカンファレンスの試み」は，授業研究の方法論を具体的に論じたもので，ここでは特に「授業のカンファレンス（臨床研究）」と称する，稲垣氏独自の方法・手順が紹介される。これは，同一学年，同一教材に基づく複数の授業の比較・検討であり，授業は必ずビデオに録画してグループで検討を行う。その手順は次の9段階をたどるという。

A　授業者（ボランティア）の決定
B　教材の研究・授業案の作成
C　二つの授業の実施とビデオの録画
D　参加者の批評・感想
E　授業者の内面過程のコメント
F　プロトコール（授業記録）の作成
G　ビデオとプロトコールによる分析
H　子どもの評価・アンケート
I　授業者によるD，G，Hへのコメント

第5部「授業研究と教師教育」は，教職の専門性という視点から授業と教師教育の関係を論じたもので，ここでは問題解決の方法論として，事例研究『シリーズ　授業』の方法と内容が検討される。そこでは，授業者を中心として，教師，教育研究者，認知科学者，臨床心理学者，演出家，詩人，各教科の専門家が一堂に会し，それぞれの異なった専門や研究に基づく多様な視点からの批評を通して，授業という世界を広がりと奥行きをもってとらえ，そこから次の授業実践への示唆や具体的な手がかりを求めることになる。

以上は本書の概要であるが，通読してまず感銘を受けるのは，稲垣氏の研究者としての姿勢と生き様である。大学の研究室に閉じこもるのでもなく，また徒党を組んで特定の運動を展開するのでもなく，ひたすら教育現場の授業実践にこだわって各地を駆け巡り，現場教師に学びつつ教師を見る鋭い目を自ら培い，常に'one of them'の立場に徹して研究を継続してきたその誠実さと純粋さに強く胸を打たれるのである。

音楽科の授業研究にとって最も重要な示唆は，稲垣氏が提起している「授業カンファレンス」の方法論である。先述の9段階からなるこの方法は，だれにも取り組める極めて明解なモデルであり，教員養成，現職教育，大学院ゼミ，地域の研究サークルなどのあらゆる研究の場で音楽授業を考える有効な方法論となるだろう。

　ここで研究の要となるのは，授業の映像記録である。著者は，特に必要な理由のある場合を除いては，カメラは1台でよいとしているが，音楽の授業研究では複数のカメラが必要である。特に，グループ活動における個々の児童の変容過程や，子ども一人ひとりの音楽表現の意味世界を記述・解釈しようとする場合には，参加者全員がビデオ・カメラを持つべきだ。カメラのレンズは，研究者の目そのものだからである。

　多くの研究授業には子どもたちのグループ活動が組み込まれるが，もとより教師はグループのすべての動きを把握することはできない。そのため，グループ活動の最中，あるいは，グループ活動の終了後，そのグループに対して話しかける教師のことばはほとんど意味をなしていない。何が行われたかがわからないからだ。そこで，グループ活動の様子をグループごとに記録し，それを全体の前に紹介して，グループで何が行われたかをクラス全員が理解できるようにしなくてはならない。カメラ1台ではそれは不可能である。

挿絵3
小・中学校の同級生
中村菅子さんの切り絵「しだれ桜」

❺ 音楽の授業における教材の意義

　音楽教材をめぐる議論が活発に行われている。その内容は，音楽学習の全体構造の中に教材をどう位置付けるかという体系的教材論や，多様な音楽様式に宿る美的＝教育的価値を洞察し，学習者の発達段階に即して音楽カリキュラムを構築しようとする様式論的教材論，あるいは，音楽教材を社会的・文化的価値とみなし，その内面化・個性化を目指す文化論的教材論など，実に多岐にわたっている。

　たしかにそうした議論は，音楽授業を組織・構成する基礎として，また，音楽の教授＝学習の

根底をなすフィロソフィーを確立するために，重要かつ不可欠の仕事である。だがそこでは，ともすれば問題を論理的整合性や一貫性，学的手順や研究手法などによって囲い込みがちであり，何よりも大切な「子どもの事実」という教材論の本質的内実を捨象してしまう危険が満ちている。子ども不在の教材論議ほど実り少ないものはない。いま一度，子どもの側に立って音楽教材をめぐる諸問題を徹底的に見直さねばならぬ所以である。

　たとえば，子どもたちの好みについて，われわれはある種の先入観や思い込みをしてこなかっただろうか。音楽的発達の問題をあまりに発達心理学的演繹法にしたがってとらえてこなかったか。授業設計の面で，学習主題や指導内容を優先させる結果，複数の音楽教材の表層部分をかすめ通って良しとするような誤りを犯していないか。

　こうした自省を自らに課してみると，問題の核心部分がおのずと浮かび上がってくる。すなわち，子どもの現実に確実に根を下ろし，彼らの目や耳を研ぎ澄まし，その全存在に揺さぶりをかける音楽教材論の新次元の追究である。

〔補足説明：たとえば，小学校第2学年の国語教材「スイミー」に取材した曲はいくつかあるが，この教材の根底に宿るドラマ（敗北感から回復感へ，孤独感から連帯感へ），しなやかな流動感と美しい色彩感などに鋭く迫った作品は多くない。「スイミー」の歌に心を動かされ，スイミーとともに生きてゆこうとする児童の作文は胸を打つ。〕

『季刊音楽教育研究』（No.41）

【児童作文】
谷本智仁君（小2）「スイミーとぼく」

（財）音楽鑑賞教育振興会　第31回論文・作文募集　小学生の部《優秀賞》作品
同会刊（1999）『音楽鑑賞教育』No.364 臨時増刊号

　徳島県名西郡石井町立石井小学校2年生の谷本智仁君が，山本文茂作詞・作曲《スイミー》（楽譜1）の学習体験を通して，自分の心の変容を描いた作文。指導に当たられた吉浦久代先生のお話では，この年（平成10年）の冬休み，それまで人前でまったくおしゃべりのできなかった彼は，突然みんなの前ですらすらとおしゃべりを始めたという。国語科との合科的学習が子どもの心を開き，人間的成長・発達の誘因となった事例と言えよう。

●作文　小学生の部《優秀賞》作品

徳島県名西郡石井町立石井小学校2年生　谷本智仁

「スイミーとぼく」

　僕は，学校の音がくのべんきょうをしている時は，お友だちといっしょに，こえを出してうたをうたうことは，できません。それは，ぼくは，こえを出すのが，はずかしいからです。どうしてかは，ヒ・ミ・ツです。でも，みんながうたっているのを耳でしっかりきいて，心の中でうたっています。ぼくの心の中のこえは，みんなには，きこえません。ぼくのべんきょう中のようすをみて，よしうら先生は，

「ともくん，しっかりうたい。」

「ともくん，口あけな。」

などと，しかったりはしません。ぼくの心の中が，先生にはみえているみたいです。だからぼくは，あんしんして，べんきょうができます。今，「スイミー」のきょくをならっています。はじめて楽ふをもらったとき，ぼくは，（こんな長いきょくをおぼえられるかなあ。）と，とてもしんぱいになりました。こうへいくんの，

「長いきょくやなあ。せんせいむりじゃわ。」

というこえにぼくも大きくうなずきました。でもスイミーは国語の時間にべんきょうしたので，うたでうたったり，ろうどくを入れたり，楽きでリズムをとったりしてもおもしろいかな，というたのしみもありました。

　広い海のどこかに——と先生がうたいだしました。みんなシーンとなってきいています。ぼくは，先生のうたをきいているうちに，（スイミー，がんばれよ。）っておうえんしていました。みんな，一どうたをきくと，すぐに少しずつうたいだしました。何回かおなじことをしているうちにおぼえていきました。ぼくもいつのまにか，スイミーの魔法にかかったみたいに，口をあけていました。スイミーが（ともくん，がんばれよ。みんなと同じだよ，みんなとやればかならずできるよ。）といっているみたいにきこえました。まるで，ぼくは，スイミーと，いっしょにおよいでいるみたいに思いました。

　このきょくをきいたりうたったりしていると，ぼくは，元気が出てきそうになります。ぼくのあたまの中では，すみきった海の中，いろんな魚たちが，ひとつになって，気もちよくおよいでいる。さんごもわかめもみんなスイミーたちをみまもっている。そんな海の中にぼくもいってみたくなっています。

　このスイミーのきょくは，ぼくのたからものになっています。ぼくも，みんなと同じように，気もちよく大きなこえでうたえるようスイミーにゆうきをもらいたいなあ。スイミーとならだいじょうぶな気もちになってくる。とてもふしぎだ。そして，元気よくうたうところは，体いっぱいつかってリズムをとりながらうたいたい。いつまでもスイミーがぼくの心の中に生きていかれるよう，ぼくもみんなと同じようにやっていかなければいけないと思った。

　はずかしくても，ゆうきをもって，こえを出していこう。音がくだいすき。音がくってたのしい。ありがとう。（おわり）

＊　　　＊　　　＊

　平成12年のお正月，吉浦久代先生から筆者宛に，次のような感動的な年賀状が届いた。私の作った《スイミー》が，吉浦先生と智仁君の心のなかで，教材として真に生きて働いたのだ。人前でおしゃべりをすることのできなかった智君が，《スイミー》の学習体験を通して，心を開き，スイミーとともに生きていこうと決意したとたんに，口からあふれるようにおしゃべりが飛び出してきたのかと，思わず涙があふれた。今26歳の青年になっている智仁君に会ってみたい。

●吉浦先生から筆者あての年賀状

　一昨年は《スイミー》を歌い，昨年は《ちいちゃんのかげおくり》〔拙著（1996）『国語教材によるモノドラマ合唱』，音楽之友社　所収〕を合唱奏しました。先生の「モノドラマ合唱」にはまっています。そして，音鑑の作文を書いた谷本君が，昨年12月14日に，家でみんなでおしゃべりをしているとき，突然みんなの前でおしゃべりをすることができるようになり，2学期の終業式前には《ちいちゃんのかげおくり》を私の前でしっかり歌ってくれました。
　先生，これからも子どもの心の中に生きる歌を作ってください。

●資料＝《スイミー》の歌詞

山本文茂　作詞

広い海のどこかで
だれよりも速く
すいすいと泳ぐ
小さな黒いスイミー
仲間たちのだれもが
みんな赤いなかで
スイミーだけは
なぜか一人黒い

あるひこわいまぐろが
おなかをすかせて
小さな赤い魚たちを
一匹残らずのみこんだ

逃げたのはスイミーだけ
さびしく悲しく
海の底を泳いだ

くらげ
うなぎ
いせえび
こんぶ
わかめ
うに
あわび
いそぎんちゃく

元気になったスイミーは
じっと考えた
小さな赤い魚たちが
大きなマグロの形になって
泳げばいいんだ　泳ごう
ぼくが目になろう

朝の冷たい水の中を
昼の輝く光の中を
ゆったり泳ぐ
スイミーの仲間
小さな魚たち
大きな魚の形をした
スイミーの仲間たちよ

楽譜1　　　　　　　　《スイミー》旋律楽譜

拙著（1997）『モノドラマ合唱の実践』，音楽之友社 所収

山本文茂 作詞・作曲

1. ひろいうみの どこかで だれよりーも はやく すいすいと
2. なかまたちの だれもが みんなあかい なかで スイミー

およぐ ちいさなくろい スィーミー
だけは なーぜかひとり くろい

あるひこわい まぐろが おなかを すかせて ちいさなあかい

さかなたちを いっぴきのこらず のみこんだ

にげたのは スイミーだけ さびしくかなしく うみのそこを

およいだ くらげ うなぎいせえび こんぶわかめ

うに あわび いそぎんちゃく

❻ 音楽教材とは何か

　教育目的達成の必要応じて選択された文化的素材を教材と呼ぶならば，音楽教材とは，音楽性・音楽愛好心情・情操の育成を目指して選ばれた楽曲であると言えよう。音楽科の学習指導は，楽曲の表現・鑑賞という総合的な音楽経験を通して進められる。そうした経験が，音楽科に固有の目標に真に迫っていくものであるためには，何よりもまず，その経験自体を質の高いものにしなくてはならないであろう。

　音楽経験の質は，そこで取り扱われる教材の質と密接な関連を持っている。質の高い教材を選ぶためには，厳しい教材研究が要求される。それは，教師がある教材に宿る音楽的＝教育的価値をどうとらえるかによって，子どもの音楽経験の方向や水準が多様に規定されてゆくからである。教材に対する価値判断の問題が，いま一度峻烈に問い直されねばならぬ所以である。

　音楽教材をめぐる問題のもう一つの側面は，子どもの側に立った教材性の追究である。これは，多様な価値の水準と大系が混在する今日の音楽文化状況にあって，行政や教師の論理だけでなく，子どもの現実や要求に立って，音楽教材を教材たらしめる要因がいったい何であるかを規定していくという仕事である。学ぶ主体における自己変革，子ども自らの価値観形成といった音楽教育の現代的課題への展望は，おそらくこの仕事を通して切り開かれるに違いない。

〔解説：教材に関連する音楽科に固有な重要問題として，共通教材の問題があげられる。文部省は昭和33年改訂・告示の小・中学校学習指導要領において，歌唱と鑑賞の両領域において「共通教材」を各学年3曲ずつ設定した。その設定理由は，歌唱領域では，文部省唱歌を日本近代の学校音楽文化として位置付け，その遺産を継承発展させるねらいがあったものと考えられる。また，鑑賞領域では，当時急速に開発普及されていた良質の音楽再生装置とLPレコードを，全国の学校の図書館・視聴覚室・音楽室に備えるねらいがあったものと思われる。これに対しては各方面から賛否両論が出されたが，論争にまでは至らなかった。平成10年改訂告示の小・中学校学習指導要領からは鑑賞共通教材は廃止された。この時中学校では歌唱共通教材も廃止されたが，教育現場からの強い要望で，平成20年には復活している。〕

『季刊音楽教育研究』（No.23）

【論評】
「音楽科に共通教材は必要か」（1994）

教育開発研究所刊『教職研修』特集／音楽科教育をめぐる論争　平成6年7月　臨時増刊号

●問題

　昭和33年告示の「学習指導要領・音楽」で共通教材が指定されて以来，論争こそなかったが批判は今日まで続いている。批判点は，共通教材の存在そのものに向けられたものと，選定方法や範囲に関するものに分けられる。

●なぜ共通教材が指定されたか

　昭和33年10月，はじめて「告示」の形式をとって示された小・中学校学習指導要領・音楽には，歌唱と鑑賞の両領域で「共通教材」が指定された。他教科には存在しない共通教材が，いったい何ゆえに音楽科においてのみ指定されたのであろうか。昭和33年3月，教育課程審議会（日高第四郎会長）は各教科等における問題点の検討結果を松永文部大臣に答申した。この中で，小学校音楽科の改訂方針として6項目をあげており，その4項目めで，「学校における音楽指導は，社会音楽との関連をも十分に考慮し，児童の音楽的情操をつちかい，鑑賞力を高めるようにすること」としている。

　そして，「児童が好ましくない歌や音楽を口ずさむことのないように，いわば児童自身の流行歌とでもいうべき愛唱歌，愛好曲を豊富に持たせる必要から，全国どこの学校ででも共通に歌える歌，または共通に聞いて楽しめる音楽，つまり共通教材を決める必要があろう」という説明がなされている〔眞篠　将編著（1986）『音楽教育四十年史』，東洋館出版，88〜89頁（筆者要約）〕。このような趣旨を生かすため，教科目標の5「音楽経験を通して，日常生活にうるおいや豊かさをもたらす態度や習慣を養う」，ならびに学年目標の（6）「愛好曲を身につけさせ，明るく楽しい学校生活ができるようにする」（第1・2学年）との関連で，共通教材が各学年に歌唱・鑑賞それぞれ3曲ずつ指定されたのである。

　それらの選定理由は，「歌唱教材は，大部分を文部省唱歌の中から選んだが，これは特に児童に親しまれているもので，しかも家庭や社会において，おとなとともに歌える親しみのあるもの，という観点から選んだものである」〔文部省著作（1960）『小学校音楽指導書』2頁〕という。

　また，「鑑賞教材は，現行の指導要領（筆者補足：昭和26年版版を指す）の中から指導や実験などの結果，特に児童の音楽情操を豊かにするのにふさわしいものを選んで配列した」（眞篠，前掲書，93頁）という。中学校の共通教材についても同様の趣旨が述べられている。

資料1

DATA FILE 62

共通教材への反応

園部三郎　教科書のなかの曲の総数というのは17曲ぐらいでしょう。それを1年70時間，実際には，50時間ちょっとでやるわけです。そうすると半数近くは指定教材になっちまうのですね。簡単に言うと昔の文部省の教科書そのものを，なにを基準にこれを使えと指定するのかがひとつの問題ですね。

井上武士　そこなのだ。どういう手続きをもってそれを決定したか，そこが非常に問題だ。

園部　そのひとつの理由として，たとえば鹿児島県の子どもと東京都の子どもが偶然会ったとき，なんか同じ歌を持っていないと困ると言うんだ。しかも歌詞が同じじゃないと困ると言う。（略）現場は都会もあれば農村もある。それが否が応でもやらなければならないとなると，教師は非常に困っちゃう。しかも，現場教師の希望だと言っているが，ほんの一部の人間の意見にすぎないと思う。

（『音楽芸術』1960年2月号所収）

●指定への批判

　このような共通教材の指定に対して，いち早く否定的見解を示したのは，音楽評論家の野村光一と園部三郎，そして，音楽教育家の井上武士である。（**資料1参照**）

　野村は，今の文部省の音楽教育方針はある意味で明治時代に逆戻りだと言い，園部は，根拠もなく音楽教材の半数近くを国が指定してしまうのは現場いじめである，と決めつけている。さらに，東京藝大の音楽教育教官であり，戦前戦後の音楽教育行政にも精通していた井上が，「どういう手順をもってそれ〔筆者補足：共通教材を指す〕を決定したか，そこが非常に問題です」と嘆いているところをみると，共通教材の選定に先立って文部省が行った「指導や実験」は，音楽教育の専門家である井上にもわからないような，極秘裏のうちに進められていたことは明らかである。（**資料2，別表1〜4参照**）

　しかし，園部が「ほんの一部の人の意見」によって共通教材が決められたと言っているのは正しくない。当時の文部省教科調査官・眞篠将によれば，「改訂の仕事は教科等調査研究会（筆者補足：有賀正助ほか17名）の50数回の審議によって進められたが，その過程において，全国指導部課長会議，教科別指導主事連絡協議会，全国校長研究協議会，文部省主催の全音研，文部省および各都道府県の実験学校等の意見や研究成果も重要なよりどころとして尊重された」（『音楽教育研究』No.24）という。

資料2　共通教材の流れ（別表1〜4：拙稿「共通教材」より）
日本音楽教育学会編（2004）『日本音楽教育事典』，音楽之友社　に一部追加・補塡

（別表1）　小学校学習指導要領における歌唱共通教材の変遷

学年	曲名	S.33	S.43	S.52	H.元	H.10	H.20	H.29
1	かたつむり（文部省唱歌）	○	○					
	月（文部省唱歌）	○	○					
	日の丸（文部省唱歌）	○	○	○	○	○	○	○
	うみ（文部省唱歌）			○	○	○	○	○
	ひらいたひらいた（わらべうた）			○	○	○	○	○
2	さくらさくら（日本古謡）☆	○	○	4年へ				
	雪（文部省唱歌）	○	○					
	春がきた（文部省唱歌）	○	○	○	○	○	○	○
	夕やけこやけ			○	○	○	○	○
	かくれんぼ			○	○	○	○	○
	虫のこえ（文部省唱歌）			○	○	○	○	○
3	春の小川（文部省唱歌）	○	○	○	○	○	○	○
	もみじ（文部省唱歌）☆	○	○	4年へ				
	汽車（文部省唱歌）	○						
	村まつり（文部省唱歌）		○					
	うさぎ（日本古謡）			○	○		○	○
	ふじ山（文部省唱歌）			○	○	○	○	○
	茶つみ（文部省唱歌）			○	○	○	○	○

44　｜　2. 教材の本質を授業に生かす

4	子守歌（日本古謡）☆	○	○	5年へ				
	村のかじや（文部省唱歌）	○	○					
	赤とんぼ（文部省唱歌）	○						
	茶つみ（文部省唱歌）		○		○			
	さくらさくら（日本古謡）			○	○	○	○	○
	もみじ（文部省唱歌）				○		○	○
	とんび				○		○	○
	まきばの朝（文部省唱歌）				○	○	○	○
5	こいのぼり（文部省唱歌）	○	○		○	○	○	○
	海（文部省唱歌）	○	○					
	冬げしき（文部省唱歌）	○	○	○	○	○	○	○
	子もり歌（日本古謡）				○		○	○
	スキーの歌（文部省唱歌）				○	○	○	○
6	おぼろ月夜（文部省唱歌）	○	○		○	○	○	○
	われは海の子（文部省唱歌）	○	○		○	○	○	○
	ふるさと（文部省唱歌）	○	○	○	○	○	○	○
	かりがわたる（文部省唱歌）			○				
	越天楽今様（日本古謡）				○		○	○

（別表2）　小学校学習指導要領における鑑賞共通教材の変遷

学年	曲目及び作曲者	S.33	S.43	S.52	H.元
1	アメリカン・パトロール（ミーチャム）				○
	おどるこねこ（アンダソン）			○	○
	おもちゃの兵隊（イェッセル）	○	○	○	○
	ガボット（ゴセック）	○	○	○	
	森のかじや（ミヒャエリス）	○	○		
2	かじやのポルカ（ヨゼフ・シュトラウス）				○
	出発[組曲「冬のかがり火」から]（プロコフィエフ）				○
	トルコ行進曲（ベートーベン）	○	○	○	○
	かっこうワルツ（ヨナッソン）	○	○	○	
	ユーモレスク（ドボルザーク）		○		
	メヌエット[歌劇「アルチーナ」から]（ヘンデル）			○	
	おどる人形（ポルディーニ）	○			
3	喜歌劇「軽騎兵」序曲（スッペ）		○	○	○
	ポロネーズ[管弦楽組曲第2番から]（バッハ）			○	○
	「メヌエット」ト長調（ベートーベン）			○	○
	メヌエット[組曲「アルルの女」から]（ビゼー）		○		
	金婚式（マリー）	○	○		
	金と銀（レハール）	○			
	おもちゃのシンフォニー（ハイドン）	○			

4	「ノルウェー舞曲」第2番　イ長調（グリーグ）				○
	白鳥（サン・サーンス）	○	○	○	○
	ホルン協奏曲第1番　第1楽章（モーツァルト）			○	○
	軍隊行進曲（シューベルト）	○	○		
	スケーターズワルツ（ワルトトイフェル）	○	○		
	ガボット（ラモー）			○	
5	管弦楽のための木挽歌（小山清茂）				○
	「荒城の月」「箱根八里」「花」のうち1曲（滝廉太郎）		○	○	○
	ピアノ五重奏曲「ます」第4楽章（シューベルト）			○	○
	歌劇「ウィリアム・テル」序曲（ロッシーニ）	○	○	○	
	組曲「くるみ割り人形」（チャイコフスキー）	○	○		
	タンホイザー行進曲〔合唱の部を含む〕（ワーグナー）	○			
6	「赤とんぼ」「この道」「待ちぼうけ」のうち1曲（山田耕筰）			○	○
	組曲「道化師」（カバレフスキー）				○
	春の海（宮城道雄）			○	○
	六段（八橋検校）	○	○		
	「ペール・ギュント」第1組曲（グリーグ）	○	○	○	
	流浪の民（シューマン）		○		
	第9交響曲から合唱の部（ベートーベン）	○			

　一方，教育現場では「歌唱・鑑賞の教材に共通教材をそれぞれ設定したことは，いよいよ音楽教育を推進して行くのに，拍車をかけるものと言わねばならない。（略）共通教材という共感の場こそ，音楽に真に喜びを感ずる姿と言わねばならない」（島影亨『教育音楽・中学版』昭和35年9月号）に代表されるように，音楽指導の足掛かりとして，共通教材を積極的に受け止める傾向が強かったようだ。

（別表3）　中学校学習指導要領における歌唱共通教材の変遷

H.10は共通教材を全面廃止，H.20は各学年ごとに1曲以上含めることとした。

学年	曲名	S.33	S.44	S.53	H.元	H.10	H.20	H.29
1	わかれ　（岡本敏明・ドイツ民謡）	○	○					
	喜びの歌（岩佐東一郎・ベートーベン）	○						
	朝だ元気だ　（八十島稔・飯田信夫）	○						
	こきりこ節　（富山県民謡）		○					
	赤とんぼ　（三木露風・山田耕筰）		○	○	○		○	○
	子もり歌　（内藤濯・シューベルト）		○					
	砂山　（北原白秋・中山晋平）			○				
	荒城の月　（土井晩翠・滝廉太郎）			○	2年へ		○	○
	さくらさくら〔合唱〕　（日本古謡）				○			
	花の街　（江間章子・團伊玖磨）				○		○	○

2	荒城の月　（土井晩翠・滝廉太郎）	○		1年へ	○ （合唱）		1年へ	
	眠りの精　（堀内敬三・ブラームス）	○						
	サンタ ルチア　（小松清・ナポリ民謡）	○	○					
	斎太郎節　（宮城県民謡）		○					
	夏の思い出　（江間章子・中田喜直）		○	○	○		○	○
	勝利をたたえる歌 （薮田義雄・ヘンデル）		○					
	浜辺の歌　（林古溪・成田為三）			○	○		○	○
	早春賦　（吉丸一昌・中田章）			○	3年へ			
3	花　（武島羽衣・滝廉太郎）	○	○	○			○	○
	こもり歌　（竹内俊子・ブラームス）	○						
	やしの実　（島崎藤村・大中寅二）	○						
	かりぼし切り歌　（宮崎県民謡）		○					
	故郷の人々　（勝承夫・フォスター）			○				
	早春賦　（吉丸一昌・中田章）				○		○	○

●選曲への批判

しかし，選曲の様式的範囲に関しては，「郷土の音楽や日本の音楽への配慮がなされていない。日本とドイツに片寄りすぎている，8分の6拍子や4分の3拍子の速いテンポの曲が含まれていない」（正井明孝『教育音楽・中学版』昭和40年2月号）などの疑問，さらに「共通教材の曲数を5〜7曲に増やしてほしい，19世紀以前の曲がほとんどない，日本の音楽を各学年に1曲ずつ入れてほしい，合唱曲がほしい」（高橋正剛『同誌』同号）などの要望も出されている。

共通教材の選曲に対する西山英二の批判は手厳しい。「モーツァルトのK.331のピアノ・ソナタは全楽章の中にソナタ形式を含まない例外的なピアノ・ソナタである。（略）言葉で説明しやすい曲を選んでいる。（略）歌唱共通教材は生徒の心情というより選曲者の趣味を生徒に押しつけているようだ。小学校の共通教材も，今の子どもたちの生活感情にはまったくあわない曲が多すぎる」（『音楽教育研究』昭和43年9月号）。

昭和43年版（第4次小学校学習指導要領），昭和44年版（第4次中学校学習指導要領）の共通教材について，音楽評論家の岩井宏之は，「少数の共通教材の中にこそ，これまでの指導要領には見られなかった新しい基準による選択の例を示しておくべきである」（『音楽教育研究』昭和44年3月号）という発想から，共通教材に見られる音楽様式の狭さを嘆いている。

だが，昭和44年版の中学校共通教材には，日本の音楽を重視する方針がはっきりと出ている点を岩井は見落としているようだ。すなわち，歌唱共通教材では各学年に日本民謡を1曲ずつ置き，鑑賞共通教材では各学年に日本の音楽を2曲ずつ指定しているのである。さらに，この点についての音楽学者・吉川英史のきめ細かな説明（『音楽教育研究』昭和46年9月号）を読むと，学習指導要領作成協力者の並々ならぬ努力と選曲への情熱が伝わってくる。

昭和46年3月，眞篠将は教科書裁判（家永訴訟）の文部省側証人として東京地方裁判所の法廷

に立ったが，その速記録（眞篠将先生退官記念著作集編集委員会編『眞篠将 音楽教育を語る』，298〜351頁）には，学習指導要領の作成過程や共通教材の選定理由などが詳述されており，音楽教育行政の内実を知るよい材料となるが，とりわけ，「共通教材になっております文部省唱歌は，小学校唱歌80年の歩みの遺産として，親子何代にもわたる共通財産となるものだと思われます」と語り，近代日本の文化遺産としての共通教材の価値を強調している点は興味深い。

（別表4） 中学校学習指導要領における鑑賞共通教材の変遷

学年	曲目及び作曲者	S.33	S.44	S.53	H.元
1	春の海（宮城道雄）	○			
	今様（日本古謡）	○			
	弦楽四重奏曲「皇帝」第2楽章（ハイドン）	○			
	かりゅうどの合唱［歌劇「魔弾の射手」から］（ウェーバー）	○			
	魔王（シューベルト）	○	○	○	○
	動物の謝肉祭（サン・サーンス）	○			
	チゴイネルワイゼン（サラサーテ）	○	○		
	箏曲「五段きぬた」（光崎検校）		○		
	三曲合奏「四季の眺め」（松浦検校））		○		
	春［「四季」より］（ビバルディ）		○	○	○
	「アルルの女」第1組曲, 第2組曲（ビゼー）	2年	○		
	山道を行く［組曲「大峡谷」から］（グローフェ）			○	
	管弦楽のための木挽歌（小山清茂）			○	
	箏曲「六段」（八橋検校）			○	2年
	雅楽「越天楽」（日本古謡）	3年	2年	2年	○
	モルダウ〔ブルタバ〕（スメタナ）			3年	○
2	江差追分（日本民謡）	○			
	越後獅子〔長唄〕（杵屋六左衛門）	○			
	ピアノソナタ イ長調 K.331（モーツァルト）	○	○		
	バイオリン協奏曲 ホ短調（メンデルスゾーン）	○	○		
	「アルルの女」第1組曲, 第2組曲（ビゼー）	○	1年		
	こどもの領分（ドビュッシー）	○			
	ヘンリー・パーセルの主題による変奏曲とフーガ（ブリテン）	○	○		
	長唄「小鍛冶」（杵屋勝五郎）		○		
	雅楽「越天楽」（日本古謡）		○	○	1年
	小フーガ ト短調（バッハ）		○	○	※○
	交響曲第5番 ハ短調 作品67（ベートーベン）			○	○
	月の光［「ベルガマスク組曲」から］（ドビュッシー）			○	
	長唄「勧進帳」（杵屋六三郎）			○	3年
	歌劇「アイーダ」から第2幕 第2場（ベルディ）				○
	箏曲「六段」（八橋検校）			1年	○
	尺八曲「鹿の遠音」		3年	3年	※○
	ノベンバー・ステップス（武満徹）				※○

3					
3	雅楽「越天楽」（日本古謡）	○	2年	2年	1年
	管弦楽組曲第2番 ロ短調（バッハ）	○			
	交響曲第6番 ヘ長調「田園」（ベートーベン）	○	○		
	交響詩「中央アジアの高原にて」（ボロディン）	○			
	ある晴れた日に［歌劇「おちょう夫人」から］（プッチーニ）	○			
	ボレロ（ラベル）	○			
	舞踊組曲「ガイーヌ」（ハチャトゥリャン）	○			
	尺八曲「鹿の遠音」		○	○	
	木遣の段［義太夫「三十三間堂」から］（鶴沢重次郎）		○		
	交響詩「はげ山の一夜」（ムソルグスキー）		○		
	弦楽四重奏曲 ヘ長調「アメリカ」（ドボルザーク）		○		
	モルダウ〔ブルタバ〕（スメタナ）			○	1年
	ピアノ協奏曲 イ短調（グリーグ）			○	
	アランフェス協奏曲（ロドリーゴ）				○
	長唄「勧進帳」（杵屋六三郎）				○
	水の戯れ（ラベル）				○

※○　第2学年で下限の授業時数が35を超える場合は，※○を付けた曲のうち1，2曲を取り上げるものとする

●芸術的・教育的価値を問う批判

　昭和52年版（第5次学習指導要領）の共通教材への批判は，概して共通教材の存在自体に向けられる傾向が強い。高萩保治は「共通教材の適否をだれにも納得させることはできない。教える者が教材選択をして指導するという人間的な営みが原点にあるべきである」（『季刊音楽教育研究』昭和52年1月号）と言い，波多野総一郎は「心ある人びとは指導要領の拘束性の排除をつよく求めているが，少なくとも51年版（筆者補足：昭和26年の「試案」を指す）の線まで回復させることは緊急の課題と言えよう」（『同誌』同年7月号）と主張している。

　共通教材の問題性をめぐって，これまでで最も本格的・組織的な論考を展開したのは，井上正の「教材選択の基本的視点」と題する論文（『季刊音楽教育研究』昭和55年4月号）であろう。その結論で井上は「歌唱共通教材に見られるごとく，〈情操教育〉を中心とした古典的な美が前面に出すぎ，子どもの興味や関心が無視されたような教材が選択されたこと，そして鑑賞共通教材に見られるごとく，音楽性の発達が，音楽の要素的なもの，構成的なものへの適応といった域にとどまってしまったこと，すなわち，音楽の本質にまで迫る教育が意図されたのではなく，単なる〈音楽を愛好する心情〉の育成といった範囲にとどまってしまったこと」の根本原因は，音楽教育の目標が妥当性を欠いていた点にあるのではないか，と結んでいる。

　この井上の論考を歴史的な課題意識から敷衍(ふえん)・強化する形で，河口道朗は「〈共通教材〉としての〈文部省唱歌〉と〈名曲〉は，子どもたちの生活現実をつきうごかし，心情をふくらませ，イメージを豊かにする，つまり芸術的な音楽教材でないことだけは論理的に明白である。殊に〈文部省唱歌〉は，もとより，〈道徳〉や〈情操〉の範疇にあった〈唱歌〉であり，それがあらためて選定されたこと自体，問題であったわけである」と述べて，共通教材の芸術的な価値を根底から否定している〔『音楽教育の理論と歴史』(1991)，314頁〕。

これらの論究は，前述の眞篠の見解と真っ向から対立するものであり，共通教材の「芸術的・教育的価値」と「歴史的・文化的価値」をめぐって，あからさまな認識の食い違いを見せている。

●今後の展望は

以上の概観で明らかなように，昭和33年の共通教材の出現から今日（平成6年）にいたるまで，共通教材への「批判」は絶えず行われたが，「反批判」はなぜか展開されることはなかった。したがって，共通教材の問題はいまだに音楽科教育の「論争」にはなっていない。日本音楽教育学会でさえ，創立以来20余年間，一度も共通教材についての研究や議論は行われていない。

そもそも，教育行政が音楽教育の目標や内容だけでなく，教材となる楽曲までも規定してしまうことなど，他教科では考えられないことであり，それ自体，論争の対象になどなり得ないことがらである。それにもかかわらず，共通教材は過去35年間，厳然として教育現場に存在したが，この事実を無批判に是認してはならない。共通教材の存在をめぐって，またその芸術的・教育的・音楽的・歴史的・文化的価値をめぐって，学問的レベルで，あるいはまた，実践研究として，これからの熱く激しい「論争」が望まれる。

❼ ドラマとしての音楽授業

授業はドラマだと言われる。それは，授業のプロセスが人と人との交流を前提として成立しており，演劇における脚本と演技の関係が，授業における学習指導案と指導実践の関係と類似しているばかりか，演劇のドラマトゥルギーが授業構成の原理と符合することが多いからである。もちろん，すべての授業をドラマであるとみなすことはできないが，すぐれた授業者に宿る演技者的性格，すぐれた授業に認められる，鮮やかな感情の興隆やクライマックスの存在を否定することはできない。

こうしたドラマティックな発想から音楽授業を見直すといったいどういうことになるか。第1に，音楽教師は俳優のように，明晰な音声言語表現技能と豊かな身体的表現力（目・口・顔・首・頭・腕・手，身体の動きなど）を持たなくてはならない。第2に，音楽授業は一幕物のドラマのように，明確な構成，感情曲線，クライマックスを設定しなくてはならない。第3に，音楽教室は劇場のように道具がいっぱいそろっていて，その中で指導者（演技者）と学習者（観客）が一体となって笑い，驚き，泣くようでなくてはならない。第4に，音楽授業は演劇のように，言葉，音，光や色，動きなどが統合され融合された，マルチ・メディアの世界を目指さねばならない。

こうした発想がすべての音楽授業に適用できるとは限らない。だが，すべての児童生徒が目を輝かせ，身を乗り出し，満足感に浸ることができるような音楽授業の創造を目指そうとするならば，こうしたドラマとしての音楽授業の可能性を，だれもが一度は追究してほしいと思う。なぜなら，心に残る音楽授業には必ずドラマがあるからである。

〔参考：そのための導入的な事例集として「〈心の表現〉に迫る音楽学習の構想」を作成した。それは「おと」「ことば」

「ひかり」「うごき」を相互に関連付けた24の指導事例を集めたものであり，音楽科（音楽表現）と国語科（音声言語表現）・図画工作科（絵画造形表現）・体育科（運動表現）の合科的授業展開をもくろんだものである。拙稿（2003）「新しい音楽活動の広がりを求めて」，『小学校音楽教育実践指導全集』第7巻，アカデミー・プロモーション企画発売，所収〕

『季刊音楽教育研究』（No.75）

【授業②】
「私たちの《惑星》── ホルスト作曲《木星の歌》を生で聴く」
音楽之友社刊（1989）『音楽がおもしろくなる授業の工夫』〈教育音楽 小・中・高版〉別冊 36〜39頁

本事例は，①授業過程の創造，②音楽授業のドラマトゥルギーの確認を目的とし，1988年6月15日，横浜市緑区の公立小学校（霧が丘第三小学校）5年生児童42名を対象に，題材を「私たちの《惑星》」（8時間扱い）として，同校専科教員の協力を得ながら，最終の8時間目の授業を筆者が行ったものである。

●はじめに
「授業はドラマだ」と言われている。出来事の発端がいくつかの危機と調停を経てクライマックスに達し，解決と終末にいたる人間心理の表出と受容の過程を「ドラマ」と規定するならば，授業は，一定の目標，内容，教材をめぐって，教師と学習者の相互関係が織りなす観客のいないドラマであると言えよう。なぜなら，ドラマも授業も「人間の深い情意から発する意志の力が外部に向かって流出すること，外部からの特定の影響が情意の内部へ流入すること」（フライターク著『戯曲論』より，内村直也著『ドラマトゥルギー研究』，白水社，11頁）という根本性格を共有しているからである。

舞台で上演するために書かれた演劇の脚本，台本を「戯曲」といい，それを劇場で上演する術（Art）と知識（Science）を「ドラマトゥルギー」という（内村直也，前掲書，59頁）。優れたドラマにはすぐれたドラマトゥルギーが秘められている。では，すぐれた音楽授業の中には，いったいどのようなドラマトゥルギーが秘められているのであろうか。

●音楽授業の演劇的性格
演劇は，劇作家が書いた戯曲の内容を，俳優がその身体・肉体をもって舞台上で観客に演じて見せる。一方，音楽授業は，指導者が書いた指導計画（指導案）の内容を，指導者自らが音楽教材を介在させて，教室で学習者に受容させる。両者の間にはいくつかの共通点が認められる。

第1に，創作者（劇作家・授業計画者）と受容者（観客・学習者）との間に，それぞれ俳優・授業者という媒介者を持つことである。音楽授業の場合，授業計画者と授業者は同一人物であることが多いが，創作者の機能と媒介者の機能は同一ではない。創作者は，戯曲・指導案という静止し凝固した素材を提供するだけであるが，媒介者はそれらの素材に形と動きを与えて生命を吹き込み，受容者にこれを享受させ内面化させることによって，素材は生きた意味を持ち始め，受

容者に感動を呼び起こすのである。

　第2の共通点は，こうした媒介者としての俳優・授業者の伝達行為が，舞台・教室という場で，多くの観客・学習者を対象として展開されるという点である。創造の過程そのものが刻一刻受容者に直接受け止められ，中断や停滞は許されないのだ。しかも生身の演技・授業であることによって，観客・学習者の意識的・無意識的反応が，逆に媒介者の心理に直接響いてくる。言い換えれば，媒介者としての俳優・授業者の伝達行為は，厳しい時間と空間の制約の中で行われ，終了と同時に消滅してしまう。録画という再現方法をもってしても，厳密な記録は不可能であり，媒介者と受容者との間で行われる直接的な情感の交流を再現することはできない。

　第3の最も重要な共通点は，一定の時間と空間の枠組みの中で，特定の構成原理にしたがって，観客・学習者に感動と満足感をもたらす，という点である。演劇というものには，多幕物であれ一幕物であれ，構成上の一定の法則がある。アリストテレスの法則による「単一性」，16～17世紀のフランス古典劇における「三一致の法則」，19世紀ドイツにおける「フライタークの三角形」（図9）など，それぞれのケースでドラマを構成する原理が存在するのだ。特に一幕物（30～69分で終わるもの）においては，あらゆる効果がひとつの決着点に向けて，力強くまっしぐらに突進するよう，「導入・攻撃・発展・クライマックス・解決・終末」という，6つの部分によってドラマが構成されている。

図9　ドラマの構成曲線（フライタークの三角形）

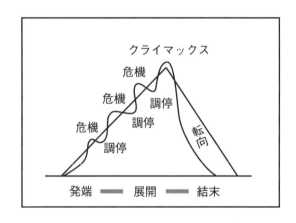

　ここでの攻撃（アタック）というのは，授業におけるいわゆる「ゆさぶり」に相当するもので，文字通り，舞台から観客席に向かって攻撃の火を放ち，観客の注意・関心・心を一気につかんでしまう部分を指している。その後ドラマは危機と調停を繰り返しながらクライマックスにたどり着き，急激に転向から終末を迎えるのである。

　一方，教育の世界では，明治の昔から授業の段階についてさまざまな提案がなされている。ヘルバルト学派の流れをくむチラーの5段階（分析・総合・連合・系統・方法），ラインの5段階（予備・提示・比較・総括・応用）などが明治期の主流をなし，唱歌教授における田村虎蔵の「予備・教授・練習・応用」などが定着した。

　戦後はデューイ教育学の影響のもと，問題解決過程を目指した授業構成論や発見学習の原理を

導入した学習過程が活発に展開されたが，今日では一般に「導入・展開・整理」というゆるやかな授業段階が採用されている。これらはすべて，一単位時間における学習を有効に進めるための組織化・秩序付けの試みと言えるが，「ドラマとしての音楽授業」というわれわれの課題意識からは，大きく離れていると言わざるを得ない。

　以上の省察により，音楽授業をドラマとしてとらえる視点が重要である点は明確になった。すなわち，「授業はドラマである」と言われるのは，すぐれた授業にはすぐれたドラマを味わうときの満足感と感動がある，という事実を指しているのである。ではそのようなドラマとしての音楽授業を，いったいどのように創造していったらよいのであろうか。

●ドラマとしての音楽授業

　ドラマトゥルギーの古典的法則として有名なものに「フライタークの三角形」（前掲図9参照）がある。ドイツの小説家・劇作家，グスタフ・フライターク（Gustav Freytag, 1816 – 1895）が著書『戯曲の技法』の中で戯曲の本質，構造・性格などを実例によって詳細に論じつつ提起した，ドラマの構成曲線である。

　また，漢詩の句，特に絶句（5言または7言からなる4句）の配列の名称として有名な「起承転結」という法則がある。第1の「起句」で詩思を提起し，第2の「承句」で「起句」を承け，第3の「転句」で詩意を一転し，第4の「結句」で全詩意を総合する，という構成原理である。

　以下に，これらの原理を援用して，「ドラマとしての音楽授業」を設計・実践した筆者の実践事例を報告することにしよう。

・授業対象　小学校第5学年児童
・題材　「私たちの《惑星》」
・指導目標　音の重なりと楽曲の構成に重点を置いて，自由な発想で「私たちの《惑星》」のイメージをもとに旋律楽器や打楽器を用いた即興表現をしたのち，CDのオーケストラ伴奏で「木星の歌」のソプラノ生演奏を聴く。
・学習活動（全8時間）

(1) 岩河三郎作曲，片岡輝作詞《星の歌》（楽譜2）を歌う。ニ短調の視唱になれ，曲想をとらえて豊かに歌う。歌詞内容や曲のしくみを生かし，オブリガートを付けて仕上げる。（第1/2時）

(2) ホルスト作曲，組曲《惑星》を聴いて，それぞれの惑星の曲の気分に合った短いお話をつくる。このお話にふさわしい音楽を即興的につくり，原曲をバックにして，語りと即興演奏で上演する。（第3/6時）

(3) ホルスト作曲，山本文茂作詞《木星の歌》（楽譜3）を歌った後，CDのオーケストラ伴奏でソプラノ独唱の生演奏を聴く。（第7/8時）

　以下に，当日の授業の映像記録によって，「ドラマとしての音楽授業」の実例を再現することにしよう。本授業は，上記学習活動（全8時間）の最後の授業として設定されたものである。

★起：引き付ける（発端）＝過去を振り返って学習のねらいを定め，学習者を教師に引き付ける導入の部分。

　（教室の中央部には木琴，鉄琴，ティンパニ，大太鼓，小太鼓，サスペンデッド・シンバル，ウインド・チャイム，テンプル・ブロック，タンブリン，トライアングル，コンガ，ボンゴなどの打楽器がたくさん置いてあり，教室の前部にはピアノ，電子オルガン，電子楽器などが置いてある。子どもたちはそれらを囲む形で2列の半円形で座っている）

　T¹（教師の発言1）： 今日は《星の歌》のまとめと「私たちの《惑星》」の最終発表でしたね。今日の目当ては「曲のクライマックスを感じ取ろう」ということですよ（板書して群読させる）。曲の一番の盛り上がりが音楽のどんなしくみによって作られているかを，グループの発表ごとに味わうようにしましょう。

　ではまず，《星の歌》（楽譜2）ですよ。発音と曲想，それにクライマックスに気を付けて歌いましょう。（担当グループの鍵盤ハーモニカによるオブリガート付きで演奏）

　T²： とてもよくできました。曲の中間部はヘ長調に変わっているから，少し明るい声で歌ったほうがよいかもしれない。みんなは歌いながらオブリガートの旋律が聴こえたかな。オブリガートの人たちは歌を聴きながら演奏できたかな。ではみんなの気持ちを一つにして，自由に体を動かしながら，もう一度どうぞ。（子どもたち，少し体を揺らしながら楽しそうに歌う）

　T³： ずっと良くなったよ。宇宙の広がりや神秘的な気分も出てきたね。ところで皆さんは，このような宇宙の感じをもっと直接味わうために，これまでホルストの作った宇宙の音楽を聴いたり，ホルストの音楽にふさわしいお話をつくったりしてきました。そして，そのお話にぴったり合うような音楽をみんなで工夫してつくってきましたね。今日はいよいよその最後の仕上げをしてグループごとに発表してもらうことにします。それぞれのグループに感想を書いてあげてくださいね。感想は次の5つの点について，どれかを選んで感じた通りを書いてください。（①曲の気分，②お話の内容と話し方，③楽器の使い方，④練り上げとまとまり，⑤クライマックスの作り方を板書）

★承：揺さぶる（攻撃）＝先行学習経験を再現して学習者に矛盾と対立を引き起こし，学習者を教師から突き放して自己運動をさせる展開部分。

　T⁴： では各グループの発表に入ります。発表の前に3分間だけ最後の相談の時間をあげますから，クライマックスのことを中心に，グループでよく話し合ってください。（児童が相談をしている間に，教師は白いはちまきをし，黒いはっぴ姿に変身している。はちまきには「惑星の帝王」と書いてある）

　T⁵： やあやあ，我こそは太陽系惑星の総元締め。あの太陽でさえもわしには一目置いておる。その名を「グスタフ・ザ・グレイト・キング・オヴ・ホルスト」と申す。日本語に訳せば「ホルスト家の偉大な帝王」ということに相成る。何やら今日は横浜でもかなり有名な「霧が丘第三小学校」というところで惑星の音楽会があるつううわさを聞いてのう，はるばる宇宙からやってきたっちゅうわけさなっ，はっ，はっ，はっはー。

　おめらが好きなあのグスタフ・ホルストという作曲家だな，ありゃ，実はわしのせがれじゃよ。

がきの頃からエゲレスがええ，エゲレスがええちゅうんで，そこへ送り込んだら，な，な，なんと《惑星》ちゅうどえらい曲を作りおったでのう。たまげたもんだ。

横浜つうのは昔から西洋文明の玄関口と聞いておる。そういえばおめらも相当利口そうな顔をしちょるのう。ほんじゃま，惑星の音楽とやらを聴かせてもらうとすっか。言っとくが，わしゃ宇宙のもんじゃよ。地球っぽくせせこましい音楽をつくっちゃあなんねえよ。じゃあスタート。
（火星グループ準備，帝王がウインド・チャイムを思わせぶりにかき鳴らすと，ホルストの〈火星〉が流れる。しばらくしてから音量を徐々に下げて，語り手がマイクロフォンを持つ）

火星グループ：この星は火星です。火星には戦争の神が住んでいました。ある日，未知の星から兵隊が攻めてきました。火星の人々は一生懸命に戦いましたが，家々が焼けて，人々は暗く過ごしていました。ある日，地球から応援が来て私たちはいっしょに戦いました。そのかいあって，戦いに勝ち，それからは戦争の神に守られて，平和に過ごしました。（グループは，大太鼓，小太鼓，コンガ，ボンゴ，タンブリン，鈴，シンバルなどを使って，「ズビダ，ズンズン，ドドドン」のリズムパターンで，*pp* から *ff* にいたるマーチを演奏。児童の即興演奏が終わると再び原曲が流れてフェイドアウト）

T6：たくましい，力強い，勇ましい，激しい，はなばなしい，しつこい，強烈な音楽であった。ぐいぐいと押し込んでいくあのエネルギーは見事じゃ。地球から援軍が来てくれてよかったのう。（帝王，再びウインド・チャイムをかき鳴らして〈金星〉の原曲が流れ，しばらくして音量を下げて〈金星〉の語り手にマイクロフォンがわたる。同様な流れで金星，水星，土星，木星の各グループによる即興演奏が続く。以下略）

★**転：うちのめす（危機）＝矛盾と対立を止揚する決定的事実を示して学習者を危機に陥れ，感動の渦に巻き込み，打ち震えさせるクライマックスの部分。**

（帝王，最後の木星グループの演奏を聴いて）

T7：何やら日本の民謡に似とるではないか。黒鍵ばっかし使ったのがいがった。ラストにふさわしく，盛り上がりも十分じゃったのう。さてさてと，わしもそろそろ帰らんと，うちのおばばに叱られるでのう。立派な音楽会じゃった。はるばる聴きに来たかいがあったっちゅうもんよ。せがれのホルストも草葉の陰でよろこんでいるだろうて。

そうそう，お前さんたちにお土産を持ってきたのを忘れとった。これじゃ。「紙ボンゴ」と言ってのう，こうやって鉛筆で膜のないほうをたたくとよい音がする。膜のほうをたたいちゃなんねえぞ。すぐに破れっちまうかんな。（「紙ボンゴ」を一人一人に配る）

ではこれでさらばじゃ。ありがとう。みんな達者でな。「ルルルルルー」。《星の歌》を口ずさみながらわきへ。はちまきとはっぴを脱いで中央に戻る）

T8：惑星の帝王と名のるホルストじいさんは，なかなかやさしい人なんですね。おみやげにもらった紙ボンゴは大切にしようね。今日の発表は先生もすばらしかったと思う。音のアンテナを頭の中にいっぱい広げて，心の中に音・色・光・動き・言葉などのイメージを十分にふくらませた結果，今日のようなすばらしい音楽が生まれるのですね。

しかし，今日の学習のねらいである「曲のクライマックス」という点では，まだまだ勉強しな

55

楽譜2　　　　　　　　　　　《星の歌》
　　　松本恒敏・山本文茂共著（1985）『創造的音楽学習の試み』226～227頁

片岡　輝 作詞
岩河三郎 作曲

　くてはならないことがたくさん残っています。それはいったいどんなことでしょうか。（児童，音量・音力・音色・沈黙などについてさまざまに答える）
　その通り。沈黙でさえ，クライマックスの方法になりうるのです。では今日のみんなのすばらしい学習のごほうびに，先生からもすごいプレゼントを一つ。
　この春東京藝術大学の声楽科を卒業した平岩佐和子さんをご紹介します。おなじみのホルストの〈木星〉の中間部，イギリス民謡風な美しい旋律「木星の歌」（楽譜3）をオーケストラのカラオケによって，佐和子ねえさんのソプラノ独唱で歌っていただきましょう。（児童，至近距離で初めて聴く本格的な生演奏に打ちのめされる）

楽譜3

《木星の歌》
オリジナル楽譜

山本文茂 作詞
ホルスト 作曲

★結：つなげる（調停）＝学習のねらいに立ち返って本時の経験の意義を整理し，後続経験を予見する終結の部分。

T9：すごかったね。あんなに透き通って，あんなによく響いて，あんなに素晴らしく盛り上がって。みなさんもしっかり勉強すれば，きっと佐和子ねえさんのように歌えるようになると思います。今日の勉強の目当ては「曲のクライマックスを感じ取ろう」でしたが，佐和子ねえさんの歌こそ，今日の授業のクライマックスでしたね。

　それでは最後にみんなで《星の歌》（**楽譜2**）を心を込めて歌って，終わりにしましょう。（参加者全員で《星の歌》を歌う）

● **おわりに**

　ドラマとしての音楽授業の可能性を追究する事例としては，あまりにも拙い筆者の実践事例であるが，ここに掲げられた4部分の構成

　起：引き付ける（発端）＝導入
　承：揺さぶる（攻撃）＝展開
　転：打ちのめす（危機）＝クライマックス
　結：つなげる（調停）＝まとめ

は，まさにドラマの本質的過程であり，感動にあふれた音楽授業の創造に通じる道であると確信している。これはまた，音楽科における授業分析の新たな視点になりうるものではないだろうか。

写真3　文部省視学官の小原光一先生（左），
東京藝大音楽学部長の浜野政雄先生（中央）とおひるごはん。

写真4　都立南葛飾高校吹奏楽部　富士見合宿の合間に
八ヶ岳連峰を写す。

3. 指導の方法を考える

　教材の本質が見えてくると，指導の方法も大きく広がってくる。《虫のこえ》であれば擬声語の部分をさまざまな楽器で模倣する活動が楽しいだろうし，《夕やけこやけ》では間奏部分に「きんのほし」のイメージを生かす即興表現を挟むのがよいだろう。《うさぎ》にはリコーダーのデュエットやオブリガートがぴったりだし，《越天楽今様》なら歌唱においてピアノ伴奏の日本和声の味わいを感じ取るとともに，雅楽《越天楽》の鑑賞も外せないだろう。

　多彩な指導法の展開は学習活動そのものを生き生きと活気付けるし，学習の継続的深化や広がりをもたらす。その手法は，学習領域の関連，学習形態の変化，教材の様式転換などきわめて多様であるが，筆者の経験では，大胆な即興表現への展開が有効であるように思われる。

　中等教育のレベルでは，とりわけポピュラー音楽との関連が重要になってくる。生徒の中にはこの分野の音楽にとくに詳しい者がいるので，彼らと手を組んで独特の授業展開に持ち込むのがよいだろう。

❽ 教わる側の発信

　学校の音楽に対して，子どもたちはいったいどのように感じ，何を望んでいるのであろうか。今から13年前，本誌『音楽教育研究』（第93号）は，「教わる側の発言」というテーマで，児童・生徒の作文特集を組んだ。そこで展開された子どもたちの率直な意見は，われわれ教師が子どもをよく見ているようで，実は子どもが「見えていない」ということを証明していたように思う。当時と今日とでは子どもを取り巻く状況も変わり，音楽指導のあり方も相当変化しているようだが，本当のところはどうなっているのだろうか。

　音楽教育の諸問題を考える大前提として，児童・生徒の意識や行動の実像を的確にとらえることが大切である。音楽の好み，教科書や授業への反応，テストへの要望，教科としての音楽の必要性，子どもたちの教師像や教材観などについて，われわれ教師が学習者に対して抱いているイメージと，子どもたちの感じ方との間に相当の隔たりがあるとしたら，音楽指導は出発点から空転しかねない。音楽授業時数の削減をめぐって，音楽科教育の存立基盤そのものが揺らいでいる昨今，われわれは音楽指導の原点に立ち返って，指導者と学習者との関係を洗い直さねばならない。

　その手始めとして，子どもたち，若者たちの「生の声」にじっと耳を傾けようではないか。13年前と今とで，学習者の実像がどの点でどのように変容しているのか，変わらない部分はどこか，などを丹念に読み取ろうではないか。そこから，必ず新しい何かが見えてくるからである。

〔文献情報：いまから約半世紀前の1974（昭和49）年1月，音楽之友社刊『音楽教育研究』は新春特別企画として「教わる側の発言」を組んだ。全国の小・中学生から1571篇の応募があり，地域的なバランスと内容の特徴を考慮して319編が掲載された。全巻156頁のすべてがこの記事で埋まっている。内容は「音楽と私」「教科書に対する意見」「授業はおもしろいか」など14項目に分けて編集されているが，この1冊で小・中学生の「教わる側の発言」は網羅されていると言えよう。「すごい特集！」と驚嘆するばかりである。〕

『季刊音楽教育研究』（No.51）

【提言②】
「ポピュラー音楽の教育的可能性を求めて──音楽高感度人間と手を結ぼう」

『教育音楽 中学・高校版』昭和60年9月号 高校特集／
ポピュラー音楽の研究──生活音楽と学校音楽の架橋となりうるか

●問題＝生活音楽と学校音楽をつなぐもの

　今日の高校生にとって，音楽が彼らの生活に欠かせないものであることは明白である。だが，彼らの生活に密着した音楽と，学校の授業で取り扱われる音楽との間には大きなギャップが生じており，音楽授業は彼らの実態からかけ離れた形で行われているように思われる。今日の高校音楽の根本問題は，高校生の生活音楽＝ポピュラー音楽と学校音楽＝クラシック音楽との対立・背反・並列関係をどう整合し，どう関連付けるかに集約されていると言えよう。この問題の解決に

向けて，本稿では問題の背景や若者たちの実態をとらえ，青年期におけるポピュラー音楽の教育的可能性を探ってみたいと思う。

●背景＝高校音楽を取り巻く状況

(1) 青年期の発達と音楽教育

　青年心理学の元祖，スタンリー・ホールがいみじくも言ったように，青年期，とりわけ，「青年中期」は，まさに「疾風怒濤」の時代である。若者たちは，児童期的世界をあからさまに否定しながらも，なお，成人期におけるような堅固な精神的構造を持ち得ず，その意識や行動には絶えず矛盾と混迷が付きまとっている。こうした青年心理の発達的特質を約言すれば，「自己存在証明の追究過程」と名付けられよう。

　では，そのような自己存在証明の場を彼らはいったいどこに求めているのであろうか。これを直接立証するようなデータは得られないが，音楽がそのための極めて重要な場となっていることは確かである。最新の統計情報（福武書店『モノグラフ・高校生・1985』）によれば，男女高校生計2,169名（学校間格差と地域を考慮して選ばれた10校）のうち，

- ・48％の生徒が学校で友人と音楽のことを話題にしている（2位）。
- ・43％の生徒が「歌謡曲・フォーク・ロック」の話をして，クラスの中で話題の中心になっている（2位）。
- ・83％の生徒が「もしレコード，テープがなくなったら，とても，あるいは，かなり困る」と答えている（2位）。
- ・64％の生徒がレコードやテープを安く手に入れる方法を知りたがっている（2位）。

といった結果が明らかになっている。これを見ると，今日の高校生にとって音楽がいかに身近で重要な存在になっているかがわかるばかりか，音楽についての最新情報を持つ生徒が，仲間とのコミュニケーションにおいて，いかにリーダー的存在と役割を果たす可能性があるかもうかがえるのである。

　ひるがえって，現今の高等学校の音楽教育は，はたして彼らの自己存在証明の場となり得ているだろうか。答えはおおむね「否」であろう。今日の高校音楽は，主としてそこで取り扱われる音楽様式の限定ないし偏りのために，若者の価値観や存在感にほとんどかかわりなく展開されているのではないだろうか。高校生のアイデンティティー（自己同一性）と音楽授業の実状との大きな乖離の問題は，青年中期の発達的特質という見地から，今後徹底的に分析・吟味されなくてはならないと考える。

(2) 現代社会と若者文化

　以上を問題の内包とみなすならば，その外延として，今日の若者たちを取り巻く社会的・文化的特質も見逃すことはできない。種々雑多な情報の氾濫，物質の過剰豊潤，受験体制下の差別と選別といった現代社会の諸矛盾は，そこで生きる高校生に対して大きな重圧感や厳しい疎外感・無力感を与えずにはおかない。昨今の校内暴力，いじめ，少年非行などは，マスコミの過剰報道とあいまって，青少年の精神的荒廃を著しく助長しており，いまや日本列島のいたるところ，学

校の内外を問わず，問題状況や問題行動が満ち溢れていると言ってよいであろう。若者たちの心の連なりは薄れる一方であり，教師と生徒の人間的コミュニケーションも今や崩壊の兆しさえ見せているのではないか。

　こうした傾向に拍車をかけるように，音楽産業の利潤追求の論理にしたがったマスコミ音楽が，びっしりと若者たちを取り囲んでいる。それらは，映像・テープ・ディスクなどの多様なマス・メディアによって，彼らの全存在に揺さぶりをかけているばかりでなく，彼らの疎外感や孤立感を癒し，その精神的荒廃の実体を強大・華麗・多彩なサウンドの渦の中に埋没させている，と見ることはできないか。

　そしてその結果，皮肉なことに，音楽は前述のように青少年にとって欠くことのできない生活必需品となってしまった。前記モノグラフによれば，高校生の4人に一人は「音楽高感度人間」であるという驚くべき事実さえ明らかになっている。音楽高感度人間とは，音楽テープを自分で編集する，ポップス・ヒットチャートへの関心が高い，ミュージック・ビデオをよく見る，音質にうるさい，楽器の演奏がうまく自分で作詞や作曲もする，好きな音楽ジャンルは最新流行音楽である，頻繁に貸しレコード屋に通いポップス系のコンサートにも出かけディスコにも行く，といったタイプの人間像である。

　この事実をわれわれははっきりと認識しなければならない。そればかりでなく，彼らがかかわっている音楽そのものを，いわば「若者文化」としてこれを認知しなければならない。若者文化とは，青少年が自らの価値観にしたがっておのれの手で創造し，これを媒体として仲間たちとコミュニケートする過程から生まれた音楽的・文化的価値であると言えよう。それは，大人の既成の価値観から解放された青年期に固有の自律的文化である。

●実態＝高校生と音楽とのかかわり

(1) 音楽の好み

　若者たちの音楽に対する好みは刻々と変わっていく。好きな音楽の種類の主要部分が歌謡曲やニューミュージックで占められているという傾向は，最近5年間以上持続しているが，それ以外の末端部分では，年ごとに好みの順位が変わっているようである。前記モノグラフ（図10，表1参照）にしたがって，昭和59年から60年1月にかけての好きな音楽の順位を見てみよう（男女総合）。

　これらの音楽ジャンルの用語については，必ずしも明確な一般的概念規定が存在しているわけではなく，その意味内容や系譜関係を鮮明に描くことは困難であるが，現時点での慣用的な意味内容と主な演奏グループを掲げておこう。

　「パンク」とは「くず」という意味であり，旋律はくずのように断片的だが，爆発する音のエネルギーを秘めた，強いリズムの音楽がパンクミュージックである。その歌詞内容は反社会的・反体制的なものが多く，日本のグループでは「アナーキー」が代表的なものである。ヘビーメタル（重金属）とは，「アースシェーカー」に代表される音楽のスタイルで，文字通り重く金属的なサウンド・カラーの中で，8ビートや16ビートによる速いテンポのもとに，エレキ・ギターのハイテクニックが展開される音楽である。

図10 好きな音楽 × 性別 （%）
福武書店『モノグラフ・高校生'85』（vol.X「高校生と情報行動」）より引用。

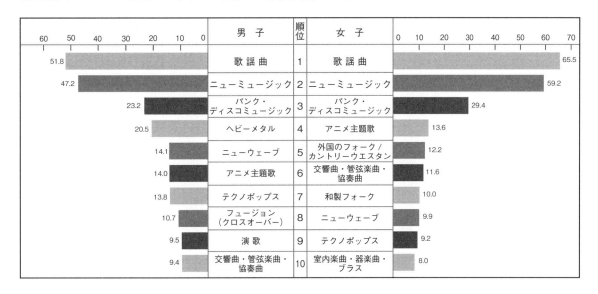

　ニューウェーブは，「デュランデュラン」や「カルチャークラブ」に代表される音楽で，比較的狭い音域内のパターン化された旋律線を強いベースラインが支えるというスタイルが多く，性格としてはポップス風なロックと言えよう。ニューウェーブという名前は，アーチストが着用しているファッションの傾向から来ているようだ。「YMO」に代表されるテクノポップスは，コンピュータを駆使した音楽で，今日（昭和60年1月）では，このスタイルの音楽はニューウェーブに含めて考えられている。フュージョンはかつてクロスオーバーと呼ばれていた音楽で，「カシオペア」や「スクエア」に代表される音楽のスタイルをとる，ロックとジャズの混合音楽である。
　以上の調査は，24の選択肢の中から好きな音楽を3つ選べというものであるから，結果は高校生の音楽の好みの大体の傾向というように解釈すべきであろうが，それにしても，歌謡曲やニューミュージックへの圧倒的な傾向は予想以上である。「性別」（図10）で見てもこの傾向は共通している。4位以下の順位は男女で多少入れ替わっているが，支持率は似通っている。好みの傾向を「属性」（表1，学校のタイプや成績，進路希望など）で見ると，進学校ではニューウェーブ，交響曲・管弦楽曲・協奏曲，フュージョンが好まれているのに対して，非進学校では歌謡曲とヘビーメタルが好まれていることがわかる。また，成績下位者はパンク・ディスコミュージックを好んでいるようである。進路志望の面から見ると，短大志望者が歌謡曲，ニューミュージックを最も好むのに対して，4年制大学志望者はニューウェーブ，クラシック，フュージョンを好んでいる。

(2) 音楽行動

　次に，高校生の音楽行動のパターンを見てみよう。表2は，高校生の音楽とのかかわり方を因子分析（現象などの特質を比較的独立した少数の要因に分けて解明する方法）にかけた結果である。これを見ると，高校生の音楽行動は，次の3つのタイプに分類されることがわかる。

表1　好きな音楽 × 属性（%）

福武書店『モノグラフ・高校生' 85』（vol.X「高校生と情報行動」）より引用。

全体での順位	好きな音楽	学校タイプ・成績							進路希望				
		進学校			非進学校				就職	専修/各種学校	短期大学	私立4年制大学	国立4年制大学
		上中の上		中の下下		上中の上		中の下下					
1	歌謡曲	40.9		48.5	<	62.0		61.5	65.1	61.7	79.3	46.7	42.3
2	ニューミュージック	51.9		47.2		50.0		51.8	53.2	51.9	63.8	50.6	47.7
3	パンク・ディスコミュージック	19.1	<	31.9		23.4	<	31.3	31.3	24.9	23.0	22.2	22.6
4	ヘビーメタル	14.5		12.7	<	17.0		18.5	15.1	16.6	6.1	16.8	16.7
5	アニメ主題歌	9.8	<	13.4		14.3		13.7	12.3	17.2	13.1	10.5	15.9
6	ニューウェーブ	16.6		14.0	>	12.3		11.8	10.5	11.6	8.9	12.9	16.9
7	テクノポップス	14.0		12.7		13.2		13.1	13.1	13.1	8.9	12.0	14.0
8	交響曲・管弦楽曲・協奏曲	14.9		15.0	>	7.0		6.9	6.0	8.9	7.5	14.1	15.5
9	外国のフォーク・カントリーウエスタン	14.9	>	9.8		9.1		9.5	8.4	10.1	14.6	9.0	12.1
10	フュージョン（クロスオーバー）	14.0		16.3	>	8.2		5.8	4.9	9.5	7.0	13.5	13.0

◯ ＝特に大きい値　　〰 ＝特に小さい値

A　クラシック，お稽古型人間（全体の2割弱）

　音楽関係のクラブに今入っている。あるいは，以前入っていたが今はやめた。お稽古ごとで今楽器を習っている。あるいは，以前習っていたが今は習っていない。何か楽器を演奏することができる。歌謡曲やポップスのヒットチャートにはあまり興味がない。アニメ音楽やクラシック音楽を好む。

B　音楽高感度人間（全体の2割強）

　自分で音楽テープを編集することがよくある。あるいは，ときどきある。ポップスのヒットチャートにとても，あるいは，かなり興味がある。ミュージック・ビデオをよく見る。あるいは，ときどき見る。音楽を聴くときに音質をとても，あるいは，やや気にする。楽器を習っている者は少ない。パンク・ディスコミュージック，ヘビーメタル，ニューウェーブ，テクノポップス，フュージョンを好む。

C　ポップス・歌謡曲型人間（全体の6割弱）

　ポップスと歌謡曲のヒットチャートにとても，あるいは，かなり興味がある。音楽関係のサークルやクラブに入っている者は少ない。自分で作詞や作曲をする者はあまりいない。歌謡曲，ニューミュージック，外国のフォーク・カントリーウェスタンを好む。

●対策＝「音楽高感度人間」と手を結ぼう

　以上われわれは，青年中期におけるポピュラー音楽の教育的可能性を追究する前提として，問題の背景を省察し，生徒の実態をとらえてきた。それらを踏まえるならば，問題解決の方向は歴

表2　音楽とのかかわりのパターン（因子分析結果）
福武書店『モノグラフ・高校生’85』（vol.X「高校生と情報行動」）より引用。

因子名 / 項 目	第1因子 クラシック・おけいこ型	第2因子 音楽高感度人間	第3因子 ポピュラー・歌謡曲好き
A. 音楽系サークルに入る	0.54842	0.10759	− 0.07979
B. 楽器を習っている	0.61124	− 0.08052	0.07258
C. 楽器を演奏できる	0.83071	0.10361	0.05038
D. 自分で作詞や作曲をする	0.39871	0.14953	− 0.08985
E. テープを編集する	0.10734	0.52476	0.08288
F. 歌謡曲のヒットチャート	− 0.03377	0.08729	0.59773
G. ポップスのヒットチャート	− 0.02558	0.58451	0.62090
H. ミュージック・ビデオをよく見る	0.00365	0.61778	0.09658
I. 音質を気にする	0.13098	0.56339	0.05549

然としている。すなわち，「ポピュラー音楽を授業に組み込むこと」これである。しかし一方では，われわれ音楽教師の胸中に次のような本音がわだかまっているのも事実であろう。

・生徒は家庭や地域社会でその種の音楽を十分楽しんでいるのだから，何も学校でそれらを取り上げる必要はない。
・歌詞内容がどぎつく軽薄で，教室の学習には不向きである。
・水の泡のようにつぎつぎと無数に湧き出ては消えていくような音楽に教育的価値はない。
・表現がワンパターンでいつも先が見え透いている。
・サウンドのイメージが教室の空気をとたんにだらけさせる。
・絶えず流行を追いかけるほど，教師は暇ではない。

　ポピュラー音楽を全体としてみた場合，確かにこうした消極論や否定論は的を射ていると言えよう。だが，教室の大多数の生徒が真に好んでいるのはこの種の音楽である，という事実は動かせない。膨大ともいえるポピュラー音楽資料の中から「教材として」何を選ぶかは大問題である。教師の限られた経験や個人的な好みでポピュラー音楽を教材化するのは限界がある。さりとて，何もかも生徒に任せるのでは授業は成立しない。おそらく，教師と生徒の暖かな協力関係なしには，ポピュラー音楽関係の情報やディスク，テープ，楽譜などの基礎資料さえ整えることはできないであろう。
　こうした教師・生徒の協力関係は，情報が刻々と変化していくというポピュラー音楽の根本性格からも，その教材化を追究するうえで決定的に重要な視点である。その最大の協力者こそ，「音楽高感度人間」としての生徒たちである。ポピュラー音楽の大胆な導入によって，学習者に音楽概念の新たな形成を迫り，多様な音楽様式の存在を理解させ，青年中期のアイデンティティーに切り込んでいくためにも，われわれ教師は今こそ，彼ら「音楽高感度人間」と手を結ぶ必要がある。

❾ 個人差を生かした音楽指導

音楽教育という営みを巨視的にとらえるならば，まず，40名前後に及ぶ児童生徒の集団を対象にして，1名の教師が特定の目標のもとに内容・教材を措定(そてい)し，それらにふさわしい指導法を工夫し，目標に照らして学習者の変容を評価する，といった学習指導の構図が思い浮かぶであろう。また，そのような音楽授業が大部分の学校で実際に展開されているのも事実であろう。

わが国の学校制度の中では，こうした「一斉指導」の授業形態が中心にならざるを得ない状況はよくわかるし，指導内容によっては，この方が「グループ指導」や「個人指導」より効果的であることも確かである。だがわれわれは，前記のような授業構図と連動した「一斉指導」の展開において，ともすれば「子どもの目の高さで働きかける」という，教授・学習の本質的視点を忘れてしまったり，集団という抽象概念を念頭に置いて，一人ひとりの子どもの現実や要求に立ち入らぬまま，授業を進めてしまったりする傾向はないだろうか。

子どもの音楽経験というものは，興味・関心・意欲・態度・知識・技能など，どれ一つを取り上げてみても，一人ひとり異なった背景のもとに成立しているのである。すべての子どもがそれぞれの家庭環境や交遊関係の中から，自分に固有な音楽意識や音楽行動の原理を育んできている以上，学校における音楽指導は，当然そうした「個人差」（個人間と個人内の両格差）に対処し，個人差を生かした形で展開されなくてはならないだろう。こうした個人差対応にかんする問題の焦点は，おそらく「個人差をなくす」（基礎・基本の定着）方向と，「個人差を生かす」（創造性の育成）方向とをどう関連付け，どう整合するかにかかっているのではないか。

〔補足説明：文部省では各教科領域のすべてにわたって，昭和60年から3か年をかけて「個人差に応じた新しい学習指導の展開」について研究協力校の研究を実施した。音楽科の研究協力校として足立区立梅島第一小学校が選ばれ，筆者は，小原光一視学官の指導のもとに，研究協力者としての貴重な役割を果たすことができた。）

『季刊音楽教育研究』（No.48）

【解説】
「個人差のとらえ方」

『個人差に応じた新しい学習指導の展開・音楽』熱海則夫監修 個人差教育研究会編（1989）ぎょうせい

第1部 小原光一編集「理論編」第2章

1. 個人差とは何か

児童の音楽経験は，一人ひとり異なった背景のもとに成立している。音楽に対する興味・関心・意欲・態度，知識・技能など，音楽学習の条件となる諸要素のどれ一つを取り上げてみても，個々の児童の家庭環境や交遊関係などの違いによって，まったく異なった様相を見せている。こうして，すべての児童は自分に固有な音楽意識や音楽行動の原理を育んできているのであるから，学校における音楽指導は，当然，一人ひとりの児童の実態や特質を十分に考慮した上で展開されなくてはならない。そうした児童の実態や特質の違いは，日々の授業において「個人差」となって

現れる。

　「個人差」(individual difference)は，一般的に「個人間差異」(inter-individual difference)と「個人内差異」(intra-individual difference)の2面からとらえられている〔岩田紀執筆 (1991)「個人差」，山本多喜司監修『発達心理学用語辞典』北大路書房，101〜102頁参照〕。個人間差異とは，心身のある特性，例えば，身長・体重，知能，技能などが個人「間」で量的に異なる事実を指している。また，個人内差異とは，個人の内部における諸特質間にみられる質的な差異，つまり，その個人「内」に認められる，個性的・絶対的特質を意味している。

　これらの個人差は，きわめて多様で複雑な表れ方をするため，その側面，過程，視点などをきめ細かくしかも総合的にとらえる必要がある。個人差の側面としては，生活，経験，興味・関心・意欲・態度といった学習のレディネスにかかわるものから，学習の仕方，スピードなどの学習過程にかかわるもの，さらに，学習の達成度や到達度といった学習所産にかかわるものにいたるまで，きわめて多様なアスペクトが挙げられる。これに対応するように，指導前・指導中・指導後など，個人差対応の過程が学習評価と連動する形で存在している。また，個人差対応の視点としては，多面的把握や可能性をも含めた把握が必要である。

2. 音楽指導における個人差対応の構図

　音楽指導において，以上のような個人差に対応するためには，どのような方向が考えられるであろうか。

　第1の方向は，個人差を縮めていく方向が必要であろう。個人間差異は，音楽学力の到達度や音楽技能の習熟度などの量的な差異を意味しているから，これらの個人間の隔たりをできるだけ少なくし，足並みをそろえていく必要がある。ここから，音楽学習における「基礎・基本の定着」の重要性が浮かび上がってくる。生涯学習的観点から精選した音楽学習の内容が，すべての児童に確実に身に付くよう，さまざまな創意工夫をこらした学習指導を展開しなくてはならない。

　第2の方向は，個人内差異を生かしていく方向である。個人内差異は，その児童の個性に根差した意識や行動の違いとして現れるものであるから，量的な計測だけでなく，児童一人ひとりの内に宿る質的な差異をつきとめる必要がある。例えば，音楽の好み，活動領域の得手・不得手などは，これを縮めたり足並みをそろえたりしようとすれば，必ず画一的な押し付けになり，児童の学習意欲を失わせる結果を招くであろう。そこで，一人ひとりの違い（個人内差異）をそのまま認め，これをうまく指導に生かしていく配慮が必要になってくる。そうした配慮の中心になるものが「音楽をつくる」という活動場面の設定である。ここから，基礎・基本の定着という第1の方向と対極するような形で，「創造性の伸長」という第2の方向が浮かび上がってくるのである（図11参照）。

　そこで以下，この二つの方向について，個人差対応という視点から図11の全体像を念頭に置きながら考察してみよう。

(1) 基礎基本の定着 （学力重視）

　「基礎」と「基本」の間には，必ずしも判然とした区別があるわけではない。両者とも「それを

図11 音楽教育における個人差対応の構造

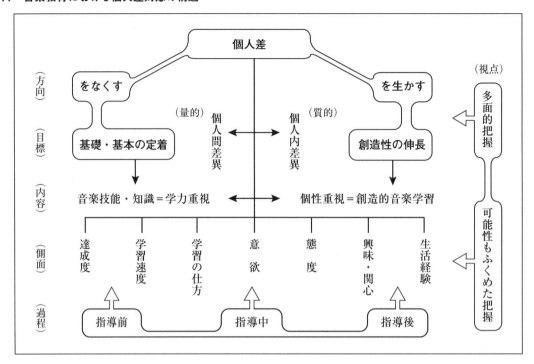

よりどころとして物事が成り立つおおもと」である点は共通している。しかし，言葉のニュアンスとしては，「基礎」は「それがなければ次がはじまらない」（基礎工事，基礎技能など）というように，一連の物事の出発点として，わずかに時間的・序列的な意味を含んでいる。これに対して「基本」は，「それがなければ全体が崩れてしまう」（基本給，基本的人権など）というように，物事全体の根幹をなすものとして，わずかに空間的・要素的色合いを帯びた言葉である。

　音楽学習における基礎・基本は，広義には，「知覚」と「技能」を基礎として，「知識」と「理解」を基本としてとらえることができよう。また，狭義には，「技能」を基礎，「知識」を基本とみなすこともある（図12参照）。この図の中の「知覚」（perception）とは，音楽の要素を鋭くキャッチする耳（アンテナ）を，「技能」（skill）とは音を出したり聴いたり読んだりするわざを，「知識」（knowledge）とは音や音楽についての客観的情報を，そして，「理解」（understanding）とは音楽活動の中で知識を応用することをそれぞれ意味している。

　これら4つの内容区分にしたがって，音楽科教育課程における学習内容のスコープ（範囲）とシークェンス（系列）が決定されるのであるが，その内容を区分ごとにチェックしていけば膨大な分量になってしまう。したがって，その学習内容の中から，生涯にわたって音楽に親しみ，生活の中に潤いや感動を求めるような人間に育てるために最低限度必要なもの，音楽という営みのおおもとになるようなものを厳しく選び抜かなくてはならない。このようにして精選された学習内容を基礎・基本というのである。

　基礎・基本を定着させる手立てとしては，まず，学習内容を「音楽のしくみ」と限定し，リズム・旋律・重なり（中学校では「テクスチュア」），音色・音力・速度，形式といった音楽の構成要素と，それらの相互関係を焦点化して，内容系列の構造化を図る必要がある。例えば，「リズム・旋律・

図12　音楽学習における基礎・基本

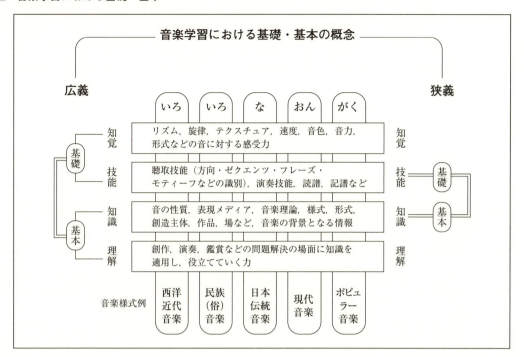

重なり」の3要素を第1のグループ（主要要素）とし，「音色・音力・速度」を第2グループ（副次要素）とし，「形式」を「総合的要素」と位置付けて，楽曲ごとにそれらの相互のかかわりをていねいに確かめていく，といった内容構成の工夫である。

　つぎに，こうした内容系列にふさわしい楽曲を教材として配置することになるが，教材選択に当たっては，個人差対応の視点から，音楽様式の大幅な拡大を図らなくてはならない。子どもたちのまわりに現に生きて存在しているあらゆる種類の音楽が教材選択の対象となるのである。

　基礎・基本の定着を図る音楽指導においては，個人の学習カードや観察記録によって，児童一人ひとりの学習の実態を正確につかむことが特に大切である。これがあいまいになっていると，個に応じた学習量の決定や学習速度の調整ができないし，個人差に応じた教材開発も的外れになりかねない。教材開発の面で最も大切なことは，同一楽曲内で，個の到達度・習熟度に応じて，段階的に表現技能を高めていけるような複数旋律の開発である。個人差に応じた小学校中学年の教材編曲の一例として，ここでは團伊玖磨作曲《ぞうさん》の器楽編曲を取り上げてみよう（楽譜4参照）。

　④の主旋律は，幼い頃からお母さんの歌を聴いたりたり，自分で歌ったりした親しみやすい歌であるが，これをリコーダーで吹くとなるとなかなか大変だ。幸い「シ・フラット」の音は出てこないが，付点4分音符のリズムが4回出てくるし，後半の跳躍音程は結構やっかいだ。これが吹けるようになるまで，旋律①から旋律②と③を経て主旋律④にたどりつく，という作戦だ。旋律⑤は特によく吹ける児童へのプレゼントである。旋律⑥⑦はリード・オルガンやバス・マスター用の低音旋律で，先生が弾けばよいだろう。これなら，学級の歌唱・器楽演奏として，学年音楽集会や全校音楽会で楽しく練習し発表することができるだろう。

このほか変化に富んだ学習形態の採用，指導に生かせる形成的評価（ブルームは，教授過程における評価を，学習の段階や評価の機能などの違いによって，診断的評価，形成的評価，総括的評価の3つのタイプに分類した）の手順の工夫，発言・板書などの指導技術における個人差への配慮，個人差に対応した学習課題やコースの選択なども，基礎・基本を定着させる重要な視点であると言えよう。

楽譜4　個人差に応じた教材編曲例

（2）創造性の伸長（個性重視）：図13参照

「創造性」（creativity）とは，「ある種の不足を感知し，それに関する考えまたは仮説を形成し，その仮説を検証し，その結果を人に伝達する過程を経て，何か新しい独創的なものを産出すること」（トーランス）と言われている。この場合，新しいものを産出するレベルとして，次の5段階が考えられる。

① すでにあるものを「まねる」
② 離れているものを「つなぐ」
③ 足りない部分を「うめる」
④ すでにあるものに新しい何かを「くわえる」
⑤ まったく新しいものを「つくる」

創造力の特性としては，問題を受け取る力，思考の円滑さ，思考の柔軟さ，再構成する力，工夫する努力などがあげられている（ギルフォード）。これらの創造性因子の中で，音楽創造に特にかかわりの深いものは，次の4つであろう。すなわち，音に対する思考の

　① 新しさ（originality）―アイディアの希少性，独自性と思考の新しさ

② よどみなさ（fluency）―アイディアへの敏感性，粘着性と思考の速さ
③ しなやかさ（flexibility）―アイディアの柔軟性，多様性と思考の広さ
④ こまやかさ（elaboration）―アイディアの推敲性，細密構成力と思考の深さ

などが音楽創造の母体になっているものと考えられる。創造の過程は一般に

「準備」（preparation）
「あたため」（incubation）
「ひらめき」（illumination）
「確かめ」（verification）

の4段階（ワラス）から成っていると考えられている（**図13**参照）。

図13 創造性のとらえ方

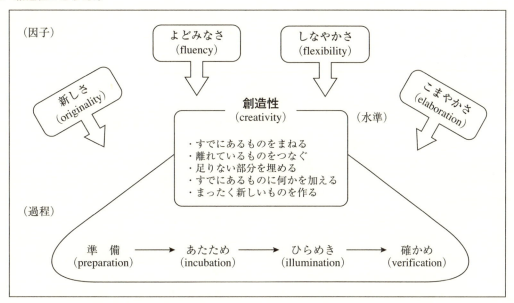

個人差を認め，これを生かすという音楽指導においては，児童が自らものを作る活動がきわめて重要である。歌唱・器楽・鑑賞の領域でも創造的思考が働くことはもちろんであるが，上に述べたような創造性の要因がより直接的に関与するのは，なんといっても創作の学習領域であろう。ところがわが国の創作指導の伝統においては，子どもたちが国語科で作文や詩・俳句・短歌を作ったり，図画工作科で絵をかいたりものを作ったりするのに，音楽科（戦前は「唱歌科」「芸能科音楽」と呼ばれていた）では，自分で直接音楽をつくるということはほとんどなかった。せいぜい形の決まった「ふしづくり」が記譜を通して行われる程度で，子どもたちが自分で音のひびきを見付けたり，自分で楽器をつくったり，自分で音楽を組み立てたりすることは不可能であるとされてきた。

しかし，最近になって第6次学習指導要領（平成元年改訂・告示）で「つくって表現する」活動が示されてからは，やっと「創造性の伸長」を主眼とする本格的な創作指導の理論と実践が，

あちこちで活発に展開されるようになった。児童一人ひとりに創造的思考の機会を与え，楽譜ではなく，音そのものをじかに使って，独自の新しい響きを探らせようとする発想がそれである。これは一般に「創造的音楽学習」（Creative Music Making）と呼ばれている音楽教育のシステムを母体とした活動で，カナダの作曲家，マリー・シェイファー（Raymond Murray Schafer），イギリスの作曲家，ジョン・ペインター，ドイツの教育家，ウィルヘルム・ケラー，ドイツの作曲家，カール・オルフらの発想を日本の実情に合わせて展開したものである〔松本恒敏・山本文茂(1985)『創造的音楽学習の試み』音楽之友社，島崎篤子(1993)『音楽づくりで楽しもう』日本書籍などに代表される〕。

　こうした創造的音楽学習（教育現場では「音楽づくり」と呼ばれている）こそ，個性重視の個人差対応に最もふさわしい学習方略であると言えよう。その要点を約言すれば，ある音楽様式に含まれている本質的部分（音素材，音楽語法，音楽技法など）を取り出し，それを表現素材として児童に自由な発想による即興的自己表現をさせたのち，同じ音素材，語法，技法を用いた既存の音楽にアプローチするという，経験的・総合的音楽学習であると言えよう。その骨子は**資料3**の通りである。

資料3　創造的音楽学習の骨子

(1) 定着……音への厳しい探究と自由な即興表現を通して，子どもの耳をとぎ澄まし，多様なイメージ形成によって，感性と創造性と価値観を育てる音楽教育のシステム。

(2) 教育論体系
○なぜ（理由）──大人が取り上げてしまった音楽を子どもに返してやるために。
○これまでは（歴史的反省）──学校音楽は形を押しつける教育をしてこなかったか。
○これからは（目標）──音楽の価値観形成を目指して，自分で選べる子を育てよう。
○なにを（内容）──構成要素のイメージをめぐって，音楽のしくみを教える。
○どんな音楽で（教材）──あらゆる種類の音楽を使って。
○どのように（計画方法）──プロジェクト法や発見学習。なすことによって学ぶ。

○結果は（評価）──観点と規準を明確にして，学習の到達度をみる。

(3) 学習のタイプ（例）
○まねる（環境模倣）──手作り楽器アンサンブル，ボイス・コンポジション，サウンド・モンタージュなど
○つなぐ（異曲連関）──パートナー・ソング，メドレー（曲と曲をことばで結び，BGMをつける）など
○埋める（空白補塡）──リズム問答，ふし問答などの即興表現，既存楽曲の一部を故意に削除して，それを埋める部分即興補塡
○加える（付加創造）──既存の文芸作品に即興的に音楽をつけるモノドラマ，これに動きを加えるパント・マイム，シアター・ピース
○新しくつくる（純粋創造）──ヴィジュアル・サウンド，オリジナルな舞台上演作品など

3. 個人差対応とイメージ形成

　すでに述べた通り，音楽学習における個人差は，きわめて複雑，多様な表れ方をしている。したがって，音楽をリズム，旋律，和声といった構成要素だけでとらえたのでは，教師も児童も，音楽の表層部だけで個人差をとらえることになり，当然，個人差対応も表層的レベルにとどまってしまうことになる。そこでいま一度音楽創造の過程を分析し，そのメカニズムを解明しておこう。

音楽は「心から出て心に入る」(ベートーヴェン) コミュニケーションの場である。かつてフロイトやユングが人間精神の構造を無意識 (深層), 前意識 (中層), 意識 (表層) の層構造としてとらえたことにより, 人間の意識や行動の根源と本質が立体的に解き明かされたように, 子どもたちの音楽に対する意識や行動も, そうした層構造からなるイメージ形成の結果だと考えることはできないか。エリクソンもまた, 人間の心的活動の深層部にあるものを「アイデンティティー」(identity) と名付け, 自我心理の根本にあるものは, 自己存在証明, 自己同一性, 自分であること, 真の自分, 主体性, 自己固有の生き方や価値観, 帰属意識, 所属感, 自覚, 個性などであると主張した。

　こうして音楽は, 人間精神の深層に厳然として存在する何ものか (フロイト流に言えば「エス」, エリクソン流に言えば「アイデンティティー」) を起点とし, 自然, 生活, 経験, 興味など, 人間生活におけるさまざまな刺激と反応の中で, 内なる原体験を何らかの形で表出したいという衝動や意欲が形成されたときに, 自己表現の中核となる原初的・根源的な表現母体となるものが発生するのである。その形成レベルを「価値認識」(深層レベルのイメージ形成) と言う。

　次に, その原体験を表現するのに最もふさわしい表現形式が模索される。それは, 純粋に音のみの媒体であることもあれば, 色・形・光・影といった造形的メディアと結合することもある。さらに, 身体表現, 仕草などの運動のイメージにしたがって, 動きと音の融合体となったり, 言語的イメージと結び付いた表現形式をとったりすることもある。ここでは, 作者は純粋な音楽作

図14　音楽創造のメカニズムと音楽学習におけるイメージ形成の過程

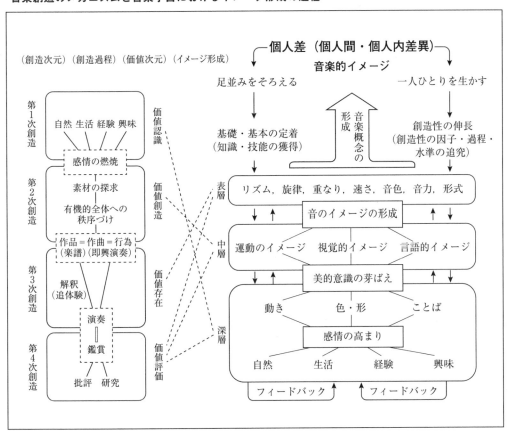

品の創造をめざしているとして，音素材・語法・技法などが試行錯誤の中から追究・焦点化され，原体験は次第に明確な音の形をとってくる。音楽の全体像が徐々に定着し，部分と全体の関係，変化と統一などが組織され秩序付けられて，最終的な楽譜が完成する。この組織化と秩序付けの創造過程を「価値創造」（中層レベルのイメージ形成）と言う。

演奏者は楽譜を通して作曲者が描いた音のイメージを探り，原創造の追体験を経て，的確な演奏解釈のもとに，楽譜という抽象的な記号を現実に鳴り響く音に還元する。一方，音楽表現の形態の中には，ジャズや民族音楽で行われるように，楽譜を介在させず，大まかな約束事だけを設定して，細部は演奏者の即興表現にゆだねることもしばしば行われている。こうして，中層レベルで形成された音のイメージを現実の音として存在させる創造過程を「価値存在」（表層レベルのイメージ形成）と言う。

このようなプロセスを経て現実化された音は，それ自体では単なる音響にすぎない。これとかかわりを持つ他者が，そこに何らかの意味や価値を認める営みがあって，音響ははじめて音楽となる。この営み全体を「鑑賞」とよび，その評価を今日的なものに限定して，言語的に公表するのが「批評」であり，過去にむけて評価の対象を拡大したものが「研究」である。こうして，現実に存在する音楽に対して価値判断を行う創造過程を「価値評価」（深層・中層・表層の全レベルを複合・融合したイメージ形成）と言う。

以上は，音楽創造のメカニズムをイメージ形成のレベルとして層構造的にとらえたものである。音楽指導における個人差対応は，このような音楽創造のメカニズムに立ち返って，それぞれの創造過程とイメージ形成のレベルに応じた形で展開されなくてはならない。そうすることによって，音楽科における個人差対応は，単なる技術的問題に矮小化されることなく，より本質的・多面的に展開されるからである。図14は，これまで述べてきた音楽創造のメカニズムを，イメージ形成の層構造と対応させたものである。左側は音楽創造の過程・段階を示し，右側は音楽学習におけるイメージ形成の過程を示している。そして，両者の対応関係が点線で示されている。音楽指導における個人差対応は，図14の右側のすべての場所で行われなくてはならない。すなわち，基礎・基本サイドから創造性サイドまで，表層・中層・深層の各レベルで，個人差に応じた音楽指導が展開されなくてはならない。

4. 層構造による個人差対応の展開

東京都足立区立梅島第一小学校（以下，〈梅一〉と略記）は，文部省調査研究協力校として，「個人差に応じた学習指導法を工夫するとともに，音楽の生活化を図る」を研究主題に設定し，昭和60年から3か年にわたる継続研究を行った。

〈梅一〉では，これまで述べてきた個人差のとらえ方を踏まえて，図13・図14に示したような層構造による個人差対応を理論的根拠として，実践研究を行った。この図について説明をしておこう。深層レベルでは，「心」の個人差である児童一人ひとりの心の様子が理解・把握された上で，それに対応する学習指導が行われることによって，児童が音楽に対して心を開くようになる。そこから，児童の心が視覚・言語・運動のイメージと結び付いた音楽的イメージを豊かにふくらませる中層レベルへと発展する。

中層レベルでは，それら3つのイメージ刺激をどう組み合わせ，どう提示するかについて教師の創意工夫が必要となる。これらを授業の中に適切かつ効果的に導入することにより，一人ひとりの児童が音楽へのイメージ形成を豊かなものにしながら，楽しく生き生きとした音楽活動を行うようになる。

　表層レベルでは，中層レベルで形成された児童一人ひとりの音楽的イメージがさらに具体化され，音楽の構成要素とそれらの相互関係が，音楽活動の前面に顕現化された形でとらえられることになる。ここにおいて，学習内容としての音楽の基礎・基本が明確に指導の対象として浮かび上がってくる。

　〈梅一〉の展開例では，これまでに述べた筆者の見解に示唆を求めながら，学校や児童の実態に合わせて，深層レベルでは目に見えにくい質的な個人差対応を目指し，表層レベルでは目に見える量的な個人差対応を目指した。それらの全学年にわたる具体的な授業実践については，本稿の冒頭で示した図書〔熱海則夫監修　個人差教育研究会編（1989）『個人差に応じた新しい学習指導の展開・音楽』ぎょうせい〕の第Ⅱ部に掲載された各学年3事例，全18事例の実践内容を検討していただきたい。

　以下は，文部省小学校課編（1988）「個人差に応じた学習指導に関する調査研究協力校研究報告」『初等教育資料』昭和63年6月号　臨時増刊　No.517号掲載の，本〈梅一〉研究に関する筆者の総括的論評である。

音楽の深層に迫る個人差対応の構図
―― 研究協力校における実践を振り返って ――
東京藝術大学助教授　山本文茂

1．問題設定と研究仮説

　研究協力校である東京都足立区立梅島第一小学校（以下〈梅一〉と略記）は，本研究に先立つ固有の研究課題として，「音楽の生活化」の問題を追究していた。これと研究協力依頼のテーマ「音楽指導における個人差対応」がどのように結び付くかが第1の問題であった。理論的には後者から前者が誘発されるものと考えられるが，〈梅一〉の実態に即して，両者の並行的ないし相即的追究という問題設定が採用された。

　第2の問題は，音楽の得意な一部の教師だけでなく，だれにでもできる個人差対応の方法原理は何か，という点であった。教科の性格上，教師の側に最低限度の音楽技能が要求されるのは当然であるが，音楽の深層に迫る個人差対応を実現するためには，技能以上に，教師の鋭い知覚力と豊かな感性が必要である，という見通しが立てられた。

　研究の方法としては，音楽という教科の性質を考えて，数量的データのほか，観察，評定尺度，チェックリストなどの記述的研究手法や映像分析，文章分析などによる質的データを蓄積しながら，問題解決に向けての仮説を立て，これらの仮説を検証するための授業実践や音楽集会の実践を展開していく，という方針が決められた。研究仮説として次の3点が焦点化された。

・第1仮説　音楽の生活化は個人差対応と密接にかかわっているが，生活化の要因は多岐にわたっており，個人差対応のみに限定されないのではないか。
・第2仮説　音楽学習における個人差はいろいろな表れ方をするから，教師と子どもの双方が，音楽に対するイメージを表層レベルから中層・深層レベルにいたる層構造としてとらえ直す必要があるのではないか。
・第3仮説　音楽指導においては，個人差を「縮める」方向と，個人差を「生かす」方向の両者があいまって，はじめて真の個人差対応が成立するのではないか。

2. 仮説検証の経緯

　第1仮説については，個人差対応を重視した学級の音楽指導を長期的に展開する中で，生活化を目指す音楽指導の成果がトータルな形で現れる全校音楽集会に焦点を当て，その様態がどのように変容するか，という視点から検証作業が進められた。その結果，劇化を中心とした学習内容の構成，手作り楽器の導入など，個人差対応の方略の一部が音楽の生活化の指導過程にインパクトを与え，学習を活性化する兆しが認められた。しかし，音楽の生活化を促す要因は，このほかに，合科的指導の促進，パートナー・ソングに代表される教材選択の発想転換，誰かに見られているために頑張るという「ホーソン効果」の採用その他にも求められることが判明した。

　第2仮説は，深層心理学的アプローチを音楽におけるイメージ形成に適用する，という発想からきている。すなわち，音とかかわる児童の心的活動は，無意識（深層），前意識（中層），意識（表層）の3層からなる，という想定のもとに，音に対するイメージ形成の個人差を層構造としてとらえようとするものである（前述，**図14**参照）。さまざまな実験的授業実践を通して，教師・児童ともに，音楽経験というものを無意識から意識へ，原体験から追体験へ，人間的感情の発露から音楽的内容の表出へ，日常経験から美的経験へといった深層から表層への層構造的な変容過程としてとらえ直す方向性が見えてきた。なお，深層と表層を結ぶ中層の重要な機能として，音のイメージと深く結び付いた「言語」「視覚」「運動」の3つのイメージが介在し，それらと結合した音楽学習を積極的に展開することによって，個人差対応は質的に高まっていくことも明らかになった。

　第3仮説は，音楽指導における個人差対応を「基礎・基本の定着」と「創造性の伸長」の両極構造として位置付け，前者を学力重視の方向（知識・技能などの個人差を縮める），後者を個性重視の方向（感性・情意面の個人差を生かす）として焦点化したものである。検証授業をいろいろな角度から分析した結果，両者を並置ないし共存させて指導するよりも，両者を対極化させて，両極の往復運動やスパイラルな運動として学習を展開する方が，個人差対応としては適切であることも判明した。なお，〈梅一〉研究では，仮説検証手段の一つとして，「創造性の伸長」という個性重視の方向を現実化させるために，新・学習指導要領（音楽）の「つくって表現できるようにする」という創作活動の背景として，現在音楽科教育の各方面から注目を浴びている，ペインターの「創造的音楽学習」（Creative Music Making）の一部が導入されている点は特筆に値する。これによって〈梅一〉の教師集団は，全体として明確な意識の変革と行動の変容を成しとげたからである。

3. 成果と課題

　これらの検証作業は，現実には第2仮説・第3仮説・第1仮説という順序で進められた。また実際には，本稿で述べたような整理された問題設定や明確な研究仮説が定立されたわけでもない。これらは，試行錯誤の長い研究の過程を振り返ってみるとこういうことになる，といった程度の，筆者の個人的見解を述べたにすぎない内容であるかもしれない。だが，本研究の経緯全体とそこから生まれた成果は，これからの音楽科教育の実践に多大な示唆と影響を与えずにはおかないであろう。その成果はほぼ次の3点に集約されよう。

(1) 音楽の深層に迫る個人差対応の構図が確立されたこと。

　うまく歌えない子，リコーダーがうまく吹けない子などは，従来，音楽のできない子として一般に放置される傾向が強かった。〈梅一〉も始めはそうだった。しかし，子どもと音楽のかかわりを層構造としてとらえ，各層にふさわしい個人差対応を追究する過程で，できない子でもやればできる，できない子にも豊かな感性が宿っているという認識が〈梅一〉全体に広がっていった。たとえば，A先生は，自分の学級のメンバーで障害を持つB子ちゃんのささやくようなかすかな歌声に鋭く反応し，「とてもじょうずだよ」と励ましの言葉を投げかけた。B子ちゃんのか弱い歌の内に宿るものに目を向ける確かな視点を，A先生は持つようになったのである。できない子でもできる子でも，心の中にある何かが歌となって外に現れ出る。このとらえ方が〈梅一〉の先生方，そして，子どもたちにもどんどんと浸み込んでいった。リズム・旋律・和声その他の特徴を単に音のイメージとしてとらえるのではなく，言葉，形，光，色彩，動きなどのイメージと結び付けて，音楽の深層にまで迫ること，これは一人ひとりの子どもの心の動きをとらえることと同じである。〈梅一〉で行われたたくさんの検証授業の根底には，一貫してこの指導理念が流れていたのである。

(2) 「形から入る」音楽学習の限界を克服したこと。

　わが国の音楽科教育においては，伝統的に，音楽経験の基礎・基本と言われる技能や知識を，子どもに正しく教え込むことが音楽指導の正統であるとされてきた。〈梅一〉においても「基礎・基本の定着」は，個人差対応の重要な部分として位置付けられた。この面での個人差を縮めるため，入念な補充指導，深化指導が展開された。一方，こうした基礎・基本と対極するような形で，知識や技能にとらわれない自由な自己表現の場を設定することによって，「創造性の伸長」という方向で個人差を生かす学習の可能性が模索された。形から入らないで，音そのものから入る「音楽づくり」の導入である。筆者の数回にわたるデモンストレーションやワークショップを通して，〈梅一〉の先生方も，少しずつ音に対する鋭い耳と音楽に対する柔軟な考え方を育んでいった。音楽専科のC先生を中心に，音楽は苦手だと口ぐせのようにおっしゃるベテランのD先生，音楽技能を情熱でカバーするE先生，天使のような声を子どもから引き出すF先生，超若手ながら実力十分のG先生などによって，目を見張るような「音楽づくり」の授業が展開されたのである。〈梅一〉は「形から入る」音楽学習の枠から大きく一歩を踏み出した。

(3) 教師自身の個性と感性を生かした指導が展開されたこと。

〈梅一〉には音楽専科教師のほかにも，すぐれた音楽技能を持つ学級担任が何人かいた。しかし，多くの先生方は技能面ではまったく自信がなく，研究の当初には音楽指導に対して常に不安と恐れが付きまとっていた。筆者は，「音楽技能に自信がなくても，感性を磨けば立派な音楽指導ができる」ということをいろいろな角度から訴え，徹底的な概念崩しを図った。この点で「創造的音楽学習のワークショップはとりわけ有効であった。第3仮説で提起されたように，音楽に対する子どものイメージを生き生きと思い浮かばせるためには，言葉や光・色・形，動きのイメージを誘発する教師のパフォーマンス能力が必要である。〈梅一〉にはこうした能力にたけた先生が何人もいた。お話の上手なH先生，手足や体の動きのしなやかなI先生，顔の表情がきわめて豊かなJ先生など，一人ひとりの教師の持ち味を生かした音楽のイメージ形成が行われたのである。

こうした多様なコミュニケーション手段がフルに作動されるとき，子どもと教師の双方に，「心から出て心に入る」（ベートーヴェン）真の教育的交流が実現されるであろう。これこそ，深層レベルにおける個人差対応である。そうした場面にしばしば接し，筆者はいくたびか感動の涙をこらえた。個別化と個性化の一層の連関，創造的音楽学習の一層きめ細かな展開が今後の課題であろう。

（文献紹介）②
熱海則夫監修 個人差教育研究会編（1989）
『個人差に応じた新しい学習指導の展開・音楽』ぎょうせい

❿ 合唱指導を考える

声はすべての人間が持っている音楽表現の媒体である。音楽教育において歌唱活動が中核的位置を占めるのは，すべての児童生徒が持っているこの声という表現媒体を通して，音楽の構成要素や形成原理を知覚し，それらの交差領域に認められる音楽の様式的特質を感得することができるからである。

こうした歌唱活動の教育的価値は，ユニゾンから多声部歌唱にいたる合唱経験の中で，より高められ強められる。古代ギリシャのコロスや中世のグレゴリオ聖歌に見られる長い長い単旋律合唱の時期を経て，オルガヌムを中心としたさまざまな複旋律合唱の技法が徐々に確立し，ついにルネサンス音楽の真髄とも言える無伴奏声楽ポリフォニーの完成にいたる。人類が辿った合唱表現の軌跡は，もしかして，乳・幼児期の喃語・唱え歌に始まり，児童期のわらべ歌やパートナー・ソング，輪唱や部分2部合唱などを経て，変声後の混声4部合唱の体験にいたる，人間の音楽的

成長・発達の過程と軌を一にしているのかもしれない。

　この意味で，これまでの学校教育における合唱指導の体系を見直してみると，問題が山積しているように思われる。合唱指導における小・中・高等学校の一貫性，教材レパートリーの系統性，指導法の合理性，表現形態の多様性などである。ユニゾン表現の徹底的追究，2声部合唱の深化と純化，倍音原理の意識化と純正和音・和声の豊かな体験，声楽ポリフォニーへの指向，現代的合唱技法の導入など，合唱カリキュラムの切り口は無限に考えられよう。指導者は，自校の発展・向上・完全燃焼に努力するとともに，互いに手を取り合って，合唱教材カリキュラムの再編や合唱指導法の体系化に取り組んでほしいと思う。

〔参考：筆者の考案したモノドラマ合唱もそうした合唱指導の一つの方法論と言えよう。「国語教材に取材した合唱曲をフィナーレとして用いるモノドラマのパフォーマンス」と定義されるモノドラマ合唱は，国語科の音声言語表現と音楽科の音楽表現を統合した表現形式として，小学生には取り組みやすい内容である。拙著『モノドラマ合唱のすすめ』及び『国語教材によるモノドラマ合唱』（いずれも音楽之友社刊）を参照されたい。〕

『季刊音楽教育研究』（No.69）

【授業③】
「モノドラマ合唱劇《むじな》の実践例——郷土の祭囃子を用いて」

山本文茂編著（1997）『モノドラマ合唱の実践——教材の工夫と指導の展開』音楽之友社 82〜88頁

　本実践は，平成5年9月，筆者の母校〔静岡県湖西市立知波田小学校〕が，生涯学習広域市町村連携推進モデル校として「ふるさと教室実施連絡会」の要請を受け，本県出身の著名人を招いて児童や教職員，または地域住民を対象に，専門的な立場から授業，講演，実演などを行う事業の一環として，筆者の授業（今なら「ようこそ先輩！」）が開催されたものである。合唱指導も本事例のような背景とドラマティックなねらいのもとに展開すれば，子どもたちを感動の渦に巻き込むことができるだろうと考えた。

1. 実践の背景
　国際理解教育として子どもたちの異文化理解を実現するためには，何よりもまず自国文化の体験と理解が前提条件として必要である。これなくして，他国文化の理解は不可能であるからだ。その意味で，国際理解教育の一環として位置付けられる音楽科授業の創造の第一歩は，日本の伝統音楽の体験と理解から始まる。

　本実践は，こうした教育課題と合唱指導とを連携させたものである。ともすれば作曲家が作った児童用合唱曲を取り上げ，パート練習をみっちり行って美しい合唱曲に仕上げ，発表して終わり，という味気ない音楽表現ではなく，自国文化の体験と理解に始まり，異文化接触や異文化理解を経て，真の国際理解が実現するという崇高なねらいのもとに，日本の伝統音楽の理解を合唱指導

と結び付けて，言語表現と音楽表現の融合を目指したのが本実践の音楽的・教育的価値である。

　一口に日本の伝統音楽といっても，その種類は雅楽，箏曲，三味線音楽などの芸術音楽から，わらべうた，日本古謡，日本民謡などの民族音楽にいたるまで幅広い。それらの中で，子どもたちにとって最も身近で，最も興味を持って取り組める曲種は，なんといっても「祭りばやし」であろう。

　祭りばやしは，神社の祭礼の折に，氏子や専門の神楽師によって奏される囃子のことを言い，一般には山車や屋台を引くときにはやされるものを意味することが多い。京都の祇園祭で行われている囃子が源となり，これが全国に広まっていったものと考えられる。各地の神楽，太神楽などの囃子の形を取り入れながら，その土地に特有の祭りばやしが生まれていった。囃子の構成は大太鼓・締太鼓，篠笛・能管，鉦の3種が基本となっている。

　本事例で取り上げた静岡県湖西市大知波地区の祭りばやしは，上記のような祭りばやしの中でもとりわけ美しいものであり，何百年にもわたって伝承され続けている郷土音楽の典型である。この祭りばやしには，極めて素朴ではあるが，日本伝統音楽の根底をなすリズムや旋律の特質が宿されており，子どもたちの感性の中に潜在的に眠っている，日本人としての美意識や民族的アイデンティティーに揺さぶりをかけ，それらを覚醒させる絶好の教材である。本事例は，地域社会における音楽文化の伝承のプロセスに子どもたちを巻き込んでいくという意味で，まさに「地域連携」を視点とした「モノドラマ合唱劇」の実践例と言えよう。

2. 実践の概要：千代延尚氏によるリポート「母校に帰った山本文茂教授—公開授業と講演の一日」（音楽鑑賞教育振興会刊『音楽鑑賞教育』平成6年2月号所収の記事より）

　［先生の授業］：「気持ちを音で表現しよう」

　広い体育館に全校の児童が腰を下ろしています。後ろの方にはお母さんたち，そして，山本先生の同級生諸氏もズラリと。

　9時10分。授業はステージの上にスタンバイしていた5年生の子どもたちを相手に始まりました。

　最初は《ふるさと》の合唱。「私のようにふるさとを離れてみると，ふるさとのなつかしさ，よさが本当によくわかります」と，静かな口調で歌詞の意味の説明も加えながらいっしょに歌い，発声の仕方やフレーズの歌い方をわかるように話し，合唱ではソプラノとアルトのバランスにも触れました。そして同校の先生に指揮をバトンタッチ。「私は会場の後ろで聴いてみます。両手で丸をつくったら上手だということだよ」。子どもたちは教わったことを大事にしながら，全曲を通して歌い上げました。先生はニコニコしながら両手で大きな「○」を。（ちょっと点が甘いみたいですけど）

　次いで，「君たち知波田の人の中で，大田の人は手をあげて。君たちは大きな声で『おおた，おおた』と言うんだよ。次は青平の人。同じように『あおびら，あおびら』とね。大知波の人も，利木の人も，横山の人も，同じように自分の地名を大きな声で唱えてください。さてこれを合わせるとどんな響きになるかな。先生が発音のタイミングを指示しますから，大田グループから青平，大知波，利木，横山グループの順に半円形をつくってください」。音楽は次のような地名のグループ・

アンサンブルになって，ちょうどオルフのメソードのようなリズミカルな響きをもって，一つの音楽のように会場にこだましました。

続いて「私は子どものころお祭りが大好きでした。みんなはどうですか。これから知波田のお祭りのおはやしをやってみよう。笛を用意して」。懐かしい郷土の祭りばやしの始まりです。すでに練習がなされていたようで，子どもたちは先生の話の後，すぐに始めることができました。じっと聴いていた先生は，「メロディーがちょっと美しすぎるね。これでは西洋風な音楽になってしまう。実際のお祭りで大人の人たちが吹く篠笛は，音程がまちまちで，その方が味わいがよく出ている。そこでみんなも，笛のジョイントの部分を少しずつ抜いて，音程がずれるようにしてみよう」。ずっと緊張しっぱなしの子どもたちでしたが，先生の優しい言葉に少しずつ気持ちがほぐれてきたのか，今度は先ほどよりのびのびとした演奏でした。

「では次に，今日の授業の中心となる音楽劇をやりましょう。これは山本先生がおじいさんから聞いたお話です」。——こうして今日の授業のメイン・イヴェントともいうべき「むじな」の音楽劇が披露されました。しくしく顔を伏せて泣いている若い娘を親切になぐさめようとしたおじいさん。その顔をのぞき込むと，白いのっぺらぼうの顔！腰を抜かすほどびっくりしたおじいさんは必死に寺坂を駆け上ると，折りしも向こうに夜鳴きそば屋の赤ぢょうちん。助けを求めたおじいさんの声にくるりと振り向いたそば屋のおやじの顔も，真っ白けののっぺらぼう！——さきほどの知波田の祭りばやしも登場して，フィナーレは「じさまをだました《むじな》」歌。これも前から練習してあったらしく，子どもたちの劇はスムーズに進んで行きました。

授業の最後は，会場の皆さん全員による《ふるさと》の大合唱。45分の授業の中で，練習したものが無駄なく生かされるように，先生の頭の中では最初から綿密な組み立てがなされているようでした。

（本リポーターの千代延尚氏は東京都小学校音楽授業研究会の幹部として，『音楽鑑賞教育』誌にいろいろな記事を掲載なさっています）

3. 題材の指導計画

(1) 題材名「モノドラマ合唱劇《むじな》を上演しよう——郷土の祭囃子を用いて」

〔注：「モノドラマ合唱」とは，昭和後期から平成初期にかけて筆者が提唱した「音楽表現と音声言語表現を融合した合唱表現形式」で，即興的音楽表現で包み込んだ「語り」の後に，語りの内容にふさわしい歌詞内容の合唱曲を演奏するもの。モノドラマ合唱を活用した音楽劇を「モノドラマ合唱劇」という。参考文献：拙著（1996）『国語教材によるモノドラマ合唱』および（2000）『モノドラマ合唱のすすめ』音楽之友社〕

(2) 題材の設定理由（略）

(3) 評価の規準（略）

(4) 指導目標

　ア　言葉の意味が身振りや音によって強められることを感じ取るようにする。

　イ　言葉のリズムや表情を生かして，豊かな歌唱表現をすることができるようにする。

　ウ　劇の場面にふさわしい音楽を即興的に作って表現できるようにする。

（5）学習内容

ア　拍速の変化

イ　気持ちと動きと音のつながり

ウ　言葉の表情を生かした発音と発声

（6）教材など（「サウンド・チャート」参照）

〔注：「サウンド・チャート」とは，モノドラマ合唱において言語表現と音楽表現の関係を一覧として示したチャート（図解）である。**資料4**参照〕

ア　劇の素材として，ラフカディオ・ハーン（小泉八雲）の短編『むじな』に取材した語り（サウンド・チャート■朗読）

イ　即興表現の例（サウンド・チャート■音楽Ⓐ©D●バックサウンドの例）

ウ　静岡県湖西市大知波に伝承される祭りばやし（サウンド・チャート■音楽Ⓑ●バックメロディー，バックリズム）

エ　合唱曲から導き出された和声（サウンド・チャート■音楽Ⓔ●バックハーモニー）

オ　同声2部合唱曲《むじな》山本文茂作詞作曲（**楽譜5**参照）

カ　即興表現のための表現媒体

　　a. 手作り楽器（カズー，紙ボンゴ，ストロー笛，空き缶のフィンガー・ピアノなど）

　　b. 楽器（リコーダー，鍵盤ハーモニカ，打楽器，ピアノ，ギター，リードオルガン）

　　c. 体の動き（身ぶり，手ぶり，顔の表情）

　　　マルチ・メディア語法（モノドラマ，パントマイム，シアター・ピース，朗吟など）

資料4　モノドラマ合唱《むじな》サウンド・チャート
山本文茂編（1997）『モノドラマ合唱の実践』音楽之友社，84頁

■朗読

Ⓐ ここは遠州，知波田村。大知波奥の吉田道。時は今から200年前——暮れ六つ時の鐘もとっくに消えうせて，あたりは一面まっ暗やみ。

Ⓑ 遠くに聞こえる祭りばやし。——「今日もよう働いたぁ。月が出とらんで，おそんがいくれえだ」ちょうちん片手に家路を急ぐ与四郎じいさんが，とある小さな池のほとりにさしかかると。——娘が一人うずくまって，しくしくと泣いている。近寄って明かりをかざしてみれば，見かけたことのない年若い娘だ。上品な身なりから，どうやら良家の娘とみえる。

※おそんがい……おそろしい

「ねえちゃん，おいねえちゃん。どうしただん。あんた，見かけん人だが，こんなとこで一人泣いとるじゃあ，なんかよっぽどのわけがあるずら。わしにできることがありゃあ力になるで。とにかくその顔をこっちに向けとくれん。おい，ねえちゃんよ」

Ⓒ くるりと振り向いた娘の顔は真っ白けのっぺらぼう。

「ウッヒャー」腰を抜かした与四郎じいさん，一目散に寺坂をかけのぼる。かけのぼる，あっ，かけのぼる。

↓「たったったったったすけてくりょうー」折しも向こうに夜鳴きそば屋の赤ちょうちんが見える。暗夜に光，地獄に仏ぁこのこと。そば屋のおやじは後ろを向いて仕事をしている。

「お年寄り。この夜中にそんなにあわてなすって，いったい何があったんですい」

「で，で出ただぁ。む，む，娘が」

「その娘の顔は，もしかしてこんなもんでしたかい」

Ⓓ くるりと振り向いたおやじの顔は，真っ白けのっぺらぼう。

Ⓐ & Ⓔ

↓ 歌へ

■音楽
●バックサウンドの例

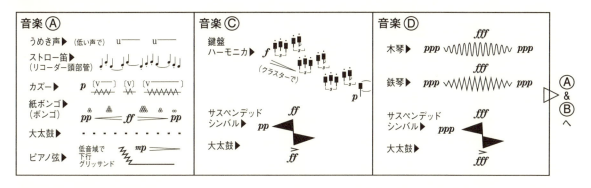

●バックメロディー
●バックリズム 〕 Ⓑ

●バックハーモニー Ⓔ

(7) 学習活動
 ア ハーン作『むじな』の朗読を聴き，グループで「むじな」のお話をつくる（1時間）。
 イ 「むじな」のお話をパントマイムで演じる（1時間）。
 ウ 祭りばやし「ピー ピー ドーンコドン」（サウンド・チャート■音楽Ⓑ●バックメロディー，バックリズム）をリコーダーと大太鼓・締太鼓で演奏する。
 エ 「むじな」のパントマイムに音楽を付け，浪曲風，あるいは，講談風に「語り」を工夫して上演する（2時間）。

4. 実践例（学習活動例ア，イ，ウによる４時間授業）

(1) グループで作った「むじな」の「語り」の例（第１時）
　―「サウンド・チャート■朗読」参照

(2) パントマイムの指導例（第２時）

★**お年寄りの農夫**　ちょうちん片手に腰をかがめて小走り歩きに登場。池のほとりに何者かを見付けて，ぎくりと立ち止まる。ややあって，恐る恐る近寄る。うずくまった娘に明かりをかざして，右から左からしげしげと眺め，やや安心する。はじめは離れて話しかけているが，だんだん娘に近づいて，最後の「おい，ねえちゃんよ」のところでは，大胆に娘の肩に触れる。のっぺらぼうを見て仰天したお年寄りは，かがめた腰をつんと伸ばし，首を後ろに引いてちょうちんを大きく放り出し，しりもちをついてわなわなと両手を震わせる。それから，四つん這いになって二，三歩進んで恐る恐る後ろを振り返り，立ち上がって腰をかがめ，はじめはゆっくり，そしてだんだん速く，死にもの狂いで走る真似（まね）をする。そば屋のおやじのところへたどり着くと，へなへなと崩れて四つん這いになり，ハアハアと肩で大きく息を吸う。「出ただぁ」のところで立ち止まり，後ろ向きになって遠くを指さす。「その娘はこんな顔でしたかい」のところで，そば屋のおやじがくるりと振り向くと同時に，お年寄りもくるりと振り向く。今度はあまりの恐ろしさに口を大きく開き，顔をそむけて両手の指を開いたまま腕をぴんと前方に突き出して，硬直した状態でゆっくり後ろに倒れ，気絶してしまう。全体にコミカルでこっけいな動きがほしい。

★**上品な娘**　ゆかたに下駄の姿でうずくまり，肩をこきざみに震わせて大げさに泣く。お年寄りが声をかければかけるほど激しく泣く。「おい，ねえちゃんよ」のあと，ゆっくり立ち上がって，くるりと振り向く。顔に真っ白いお面を付けている。お年寄りがしりもちをついたとき，しっぽをすとんと見せて退場。

★**夜鳴きそば屋のおやじ**　お年寄りがしりもちをつき，娘が退場すると同時に登場。向こうはちまきをし，後ろ向きのまま洗い物をする仕草。お年寄りが気絶したとき，しっぽをすとんと見せて退場。

(3) バックサウンド作りの指導例（第3/6時）
　―「サウンド・チャート■音楽Ⓐ©Ⓓ●バックサウンドの例」参照

★**音楽Ⓐ**　静かで不気味な雰囲気。大太鼓を *pp* で連打（心臓の鼓動のように）。時おり，ストロー笛のひと吹きとそのエコー。カズー（セロハン紙を軽く口に当てて声を出す）で裏声の短く鋭い叫び声。紙ボンゴの不規則な音が群れを成して散らばる。ピアノの内部低弦の長大なグリッサンドの響きが鳴り止んだところで「語り」が始まる。

★**音楽Ⓑ**　サウンド・チャート■音楽Ⓑ●バックメロディー，バックリズム（湖西市大知波地区に700年にわたって伝承されている祭りばやしの一つ）

★**音楽©**　「おい，ねえちゃん」のあとから，サスペンデッド・シンバルの強烈なクレッシェンド。娘がくるりと振り向いたところで，大太鼓が *ff* で一打。十分に残響を鳴らした後，お年寄り

84　｜　3. 指導の方法を考える

の歩調に合わせて、鍵盤ハーモニカのクラスター（音のかたまり）が、高音域から低音域にかけてスタッカートで跳ねるように降りてくる。最後の音を伸ばして消えた後、「お年寄り，この夜更けに」がくる。

★音楽Ⓓ 「こんな顔でしたかい」のあとから、サスペンデッド・シンバルと木琴・鉄琴のグリッサンドが強烈なクレッシェンド。おやじがくるりと振り向いたところで、大太鼓が$f\!f$で一打。十分に残響を鳴らした後、音楽Ⓐが再現。ピアノの内部低弦の長大なグリッサンド音、鳴り止むまで。

★音楽Ⓔ サウンド・チャートの●バックハーモニーの部分。電子オルガンの「チャーチ・オルガン」の音色が最適。

図15 《むじな》の語りのドラマトゥルギー（劇作法）と音楽の例

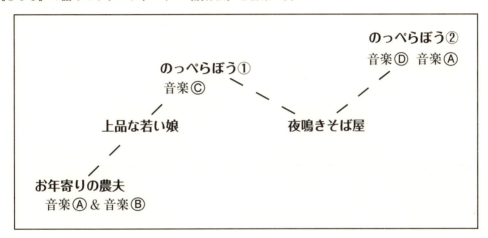

5. 事例の考察

(1) 合唱指導としての本事例の特質

　小学校高学年における合唱指導を、奥深い背景の中で、ドラマティックに展開しようとした事例である。教材曲《むじな》は、「モノドラマ合唱劇」のフィナーレとして位置付けられるドラマティックな内容を持っており、言語表現と音楽表現の融合をねらいとした深い意味に支えられた楽曲である。すなわち、小泉八雲の『むじな』に取材した「語り」が、子どもたちの音楽づくりによって「モノドラマ」となり、村に何百年も前から伝わる祭りばやしを組み入れながら、パントマイムとして劇化され、そのクライマックス部分に合唱曲《むじな》が演奏されるという構成に支えられた楽曲である。

　このような形をとった合唱指導は時間がかかり、音楽以外の表現技術の指導もむずかしい面は否定できないが、言語表現や劇表現と深く結び付いた合唱表現の楽しさ、すばらしさは、子どもたちの表現意欲を高め、子どもたち一人ひとりの得意分野を生かすという意味からも、こうした合唱体験は子どもたちに「感動体験の共有」をもたらす可能性を秘めている。

楽譜5

モノドラマ合唱曲《むじな》

山本文茂編（1997）『モノドラマ合唱の実践』音楽之友社，82〜83頁

作詞・作曲　山本文茂

※ 詞は小泉八雲著『怪談』より「むじな」（出典：上田和夫訳『小泉八雲集』新潮社）に取材した。

むじな

一、
むじなむじな
じさまをだましたむじな
娘に化けたりそば屋に化けたり
いたずらむじな
今度でてきても
だまされないぞ

二、
むじなむじな
ほんとの名は穴熊 むじな
きつねやたぬきとまちがえられて
あわれなむじな
今度でてきたら
おしりをピーンだぞ

(2) 題材の教育的価値

　舞台上演のための音楽作品を「シアター・ピース」と言う。ここでは，音の響きを舞台表現のためのいろいろな構成要素（動作，せりふ，照明，衣装，舞台装置など）と一体化させて，劇的な効果を高める工夫がなされる。それらの核心部に位置するものが「ドラマトゥルギー」と言われる劇の構成原理である。本事例で採用した題材「むじな」は，前掲図15で示したように，極めて明解なドラマの構成曲線から成っており，小学校高学年の子どもたちにも，親しみやすい「シアター・ピース」として十分取り組めるものである。つまり，言語的・視覚的・聴覚的・運動感覚的イメージを融合し，洗練されたパフォーマンス（いろいろな表現手段を融合させた芸術表現形式）の世界にチャレンジさせる絶好の題材である。

　本事例を経験した児童・生徒であるならば，おそらく歌舞伎や文楽，能，狂言といったわが国固有の表現形式にも十分になじんでいくことであろう。もし映像が入手できるようであれば，歌舞伎《隅田川》とブリテンの歌劇《カーリュー・リヴァー》をぜひ比較鑑賞させたい。両者は同一の物語による舞台作品であり，西洋と日本の舞台表現の根本的な違い・特質や，日本の美意識と表現方法を感じ取らせるまたとない教材であるからだ。

　ブリテンのオペラでは，死亡した息子の墓の前で老婆は延々と泣きわめくが，歌舞伎では，小さな土盛りの墓の前にたたずむ老婆は，黙ってその盛り土にゆっくりと自分の着物をかけてやる。墓の前には細長い1本の柳の木，その葉がゆっくりゆれるのにあわせて，太棹三味線の1本の旋律が静かに流れていく。こうして《隅田川》のドラマトゥルギーは，日本人の感性の琴線に触れて感動の涙を誘うのである。

(3) 実践を通して

　本実践は，筆者が楽曲，サウンド・チャート，指導計画を作成し，音楽専科教員が音楽指導を，学級担任が朗読と演技の指導をそれぞれ分担するという形をとって行われた。発表当日の2週間前に事前指導を約60分行ったため，冒頭の千代延リポートにあったようなスムーズな授業の流れとなったのである。

　事前指導の冒頭では，子どもたちはいったい何をさせられるのかという面持ちで，緊張しきっていたが，筆者が郷土の言葉を丸出しにして（ひずるしい＝まぶしい，おそんがい＝おそろしい，けなるい＝うらやましい，行っただら＝行ったでしょ，うちゃる＝すてる，など）話したため，すっかり打ち解けた様子に変わった。指導の中心は，郷土に伝承されている祭りばやしの高い音楽的価値と，郷土の民話や話し言葉をいつくしむことの大切さであった。

　発表会での祭りばやしは，リコーダーと大太鼓・小太鼓を使って行われたが，これはあくまで代替楽器であって，本物の和太鼓や篠笛を使わなければ，祭りばやしのよさは決して出ないことを子どもたちに強く訴えた。すると驚いたことに，その1年後に行われた音楽発表会では，祭りのときに使われる本物の巨大な和太鼓（大知波地区のくりぬき太鼓と大田・利木地区の締太鼓）が体育館に持ち込まれ，高学年の子どもたち約30名が本物の篠笛を吹いて，地区ごとの祭りばやしを演奏したのである。私の強い願いを地区の青年団や父兄の皆様が聞き入れてくださり，願いが実現したのだ。それは知波田小学校の伝統となって，その後も全校音楽発表会のメイン・イヴェ

ントになっているという。

　本展開例では，モノドラマ合唱劇の上演の一部に，郷土の音楽（何百年にもわたって伝承され続けている祭りばやしの中の1曲）をそっくりそのまま組み込むという形をとっている。このことは非常に重要なことであり，教材化という理由で伝承音楽に手を加えたり，代替楽器に甘んじたりしないで，子どもたちが本物を伝承することができるように，教師のサイドで地域の専門家の協力を求める体制を作る必要があろう。

写真5　母校・知波田小学校における「ようこそ先輩！」の音楽授業。
平成5（1993）年12月3日 モノドラマ合唱劇《むじな》を上演。

挿絵4　名古屋芸大　鳥越哲夫先生の静物クロッキー

4. 喫緊課題にどう応えるか

　平成期に入って教育界には大きな変化が訪れた。指導要録の改訂に伴う絶対評価中心への転換，これに伴う「新しい学力観」の登場，学校週5日制への移行などである。「新しい学力観」とは，「自ら学ぶ意欲や思考力・判断力・表現力などを学力の基本とする考え方」であり，学力の評価においては従来の「評価基準」に代わって，新たに評価の観点を示す「評価規準」が用いられるようになった。戦後初めての大改革である。

　学校週5日制への移行は，平成4年度からは第2土曜日の休みという形で，平成7年度からは第2・第4土曜日の休みという形で，平成9年度からは完全学校週5日制の実施となった。これに伴って，各教科とも授業時数の縮減を余儀なくされ，平成10年改訂・告示の学習指導要領では，「総合的な学習の時間」の新設も絡んで，音楽科の授業時数は小1 = 68，小2 = 70，小3・4 = 60，小5・6 = 50，中1 = 45，中2・3 = 35という激しい縮減となり，この状態は平成29年改訂・告示の小・中学校学習指導要領まで継続されている。

　このままでは音楽科は小学校・中学校ともにじり貧の状態で，いずれ近いうちに教育課程から外されてしまいかねない恐ろしい状況が続いているのだ。「音楽はなぜ学校に必要なのか」——その明確な根拠をわれわれは子どもたちに，保護者に，他教科の教員に，そして管理職や地域社会に向けて高らかに宣言しなくてはならない。本書は，まさにその根拠を明らかにしようとしているのだ。

⓫ 音楽科教育の行方

　平成元年2月10日，新（第6次）学習指導要領案が発表された。この案での中学校の姿は見るに忍びないものがある。第2学年と第3学年が無残にも合体・縮小され，義務教育の教科課程としては，これまでにない大きな問題をはらんだ改訂と言わざるを得ない。

　中学校の音楽科授業時数削減の問題は，初等教育，後期中等教育を含めた音楽科教育全体に波及する重大問題である。中学校第2，3学年の音楽授業が学校裁量によって合体・縮小されたり，選択教科にすり替えられたりすることが許されるならば，小学校第5，6学年の音楽授業も合体・縮小されたり，選択教科にすり替えられたりすることが許されることになってしまう。現に幼稚園教育要領や保育所保育指針では，これまでの領域「音楽リズム」が「表現」になったし，小学校低学年で「生活科」が新設されたように，音楽科と図画工作科が合体・縮小されて「表現科」にすり替えられてしまう恐れは十分にある。「21世紀は学校から音楽が姿を消す時代になる」と予言したくなる材料が満ち溢れている。

　中学校に固有な問題として特に懸念されるのは，音楽教員の削減と職務変容の問題である。退職音楽教員の後任不補充，複数教科の強引な担当，複数校掛け持ち勤務といった事態が日本中にはびこってくるのではないか。

　音楽科教育にかかわりを持つすべての人々は，今こそ学校音楽の危機を自分の問題として受け止めねばならない。この危機をどう克服し，音楽科の存在の重要性を各方面にどう訴えるかについて，真剣に考えなくてはならない。

　それとともに，音楽教育の理念論・発達論・教育課程論・授業論のすべてにわたって，音楽科教育の根本的な見直しをする必要がある。その見直しの中核に位置するものは，「子どもと教師の音楽的交流」であろう。その交流の条件，過程，計画を歴史的・文化的・社会的・心理学的に再吟味するところから新たな展望が開けるに違いない。

『季刊音楽教育研究』（No.59）

【手記①】「中学校音楽科主任に訴える──自衛のための理論武装を」

全日本音楽教育研究会刊『音楽教育』昭和63年10月号　特集Ⅰ／いかに対処するか"弾力ある運用"

1．状況と問題（現状認識）

　東京・目黒の中学生による両親惨殺事件は，わが国教育界全体を暗雲で覆ってしまった。まったく信じがたい出来事としか言いようがない。だが，もしかしてこれは氷山の一角ではないのか。筆者の身近な中学校音楽教師を見ても，この1年間に少なくとも3名の教師が生徒から恐るべき暴行を受けている。彼ら教師はいずれも強い教育的信念と情熱をもち，すぐれた音楽的能力を持った有能な教師である。しかるに，一人は右腕から指先にかけて複雑骨折をする蛮行を受け，一人は数回にわたる往復びんたを浴び，一人は妊娠中の下腹部に強烈な足蹴りをくらわされたのである。

新聞・テレビを中心としたマスコミ報道機関が，「校則の見直し」などという表層的にして浅薄なキャンペーンを繰り広げている水面下では，このような陰惨・極悪な狂気じみた校内暴力行為が続発しているのである。こうした問題状況に対して，心理学者や社会学者らは，得意げに専門知識をひけらかし，冷ややかに傍観者的分析と解説を行うのが常である。また世間一般は，ことが起これば何事もすべて学校や教師に責任を転嫁し，マスコミの尻馬に乗って学校非難と教師批判に躍起になっている。

われわれの心は晴れない。

これに加えて，作今の教育改革と銘打った一連の動きがある。「心の教育」とか「個性の重視」といった美辞麗句を総論で並べたてながら，いざ各論になると，われわれ芸術教科を槍玉にあげ，選択幅の拡大という美名のもとに音楽や美術の時間数を削減しておいて，ふた言めにはわれわれに対して「教科エゴ」というレッテルを貼って平然としている似非教育論者に，激しい義憤を感ずるのはひとり筆者のみであろうか。

いやな時代である。

しかし，嘆いてばかりいられない。芸術軽視や音楽蔑視の「荒波」は，近い将来告示される学習指導要領（第6次）の大綱的基準という「沖合」から，いよいよ各学校における教育課程の編成という「岸辺」に打ち寄せてくる。そのうねりの強烈なエネルギーは，各学校の音楽科・美術科の存立基盤を木端微塵に打ち砕きかねない。日本全国の中学校音楽科主任の先生方は，まさにこれから正念場を迎えることになる。

2. 姿勢と方向（行動指針）

(1) 取り組みの姿勢

筆者の現場経験からも，職員会議の席上で音楽の時間数が削減されるような教育課程原案に立ち向かい，芸術の重要性と教育的価値を主張することほど辛く切ないことはない。他教科の教職員と平素からどんなに親しく心を通わせ合っていても，学級担任や校務分掌などで，学校経営にどんなに積極的に関与していても，こと時間数の問題になると，彼らは容赦なくわれわれ芸術科目を攻め立ててくるからである。

多勢に無勢で，いくら頑張っても効き目はない。そのうちに激しい孤立感と無力感に襲われ，戦う意欲を喪失して「どうにでもなれ」という自暴自棄の心情に埋没して行かざるを得ないのだ。

しかし，そうなってしまってはおしまいである。それでは日本の学校から音楽が消えてしまう。まるで戦前の中等学校のように，中学校から音楽の先生が姿を消し，校内から美しい歌声や楽器の響きが存在しなくなってしまうのだ。明治以来百余年にわたって営々として築いてきた，わが国音楽科教育の歴史と伝統に終止符を打ってよいのか。

人間が人間らしく生きていくためには，豊かな情操と鋭い感性がどうしても必要である。これを失った人間はまさに生ける屍である。音楽は人と人との心の触れ合いの場だ。感動体験を共有し，知性と感性を融合し，意思と精神の集中・持続を図り，人間感情を純化し，主観的現実を認識するかけがえのない場である。その貴重な人間的交流の場が，いま，中学校第2学年において奪われようとしているのだ。

(2) 行動の方向

　日本全国1万数百校の中学校音楽主任の先生方，事態を直視するとともに，ことの重大さを認識していただきたい。芸術軽視や音楽蔑視の波を跳ね返し，音楽の授業時数の削減を最小限に食い止める最後の砦は，各学校における音楽主任の先生の頑強な意志と闘志だからである。

　具体的に言えば，第2学年における「授業時数の弾力的運用」〔昭和62年12月24日付け，教育課程審議会答申，I，3，(3)〕の方針にしたがって，各学校は自校の教育課程を編成することになる。必修教科としての音楽の授業時数が「35 ～ 70」と明記されている以上，各学校の実態により「70」と決定することは決して不可能ではない。答申の「現在第3学年において選択教科とされている音楽，美術，保健体育及び技術・家庭を第2学年の選択教科に加える」〔前掲答申，I，2，(2)，③〕という規定はあくまで選択教科等を対象とした規定であって，「必修教科の授業時数については，第2学年においては音楽及び美術，第3学年においては社会，理科，保健体育及び技術・家庭について，各学校において弾力的運用ができるようにする」〔下線筆者，前掲答申，I，3，(3)，ア〕と規定されているが，音楽を「70」にしてはいけないとはどこにも書いていないのである。

　ということは，音楽主任の先生が本気になって頑張れば，現行授業時数をそのまま維持することは可能であることを意味している。「国が決めた方針だから仕方ない」とか，「嫌がる生徒に無理やり音楽を押しつけることはない」といった発想が音楽主任の先生に少しでもあれば，それはすでに敗北を覚悟したも同然である。そして，その結果はさらに10年先の教育課程での敗北につながっていく。

　われわれは今こそ土性骨を据えて，学校における音楽科の地位を守らなければならない。そのためには，われわれは己の職務の原点に立ち返って，音楽とは何なのか，音楽教育とは何なのか，さらに，すべての生徒に音楽経験の場を与えねばならない根拠は何かなどについて根本から問い直し，音楽科教育の危機を打開し自衛するための理論武装をする必要がある。

3. 理論的根拠（論駁の枠組み）

(1) 法的根拠

ア　教育基本法

　わが国教育の根本原理を定めた「教育基本法」（平成18年改正以前の昭和22年制定のもの）は，「個人の尊厳を重んじ，真理と平和を希求する人間の育成を期するとともに，〈普遍的にしてしかも個性豊かな文化の創造〉をめざす教育を普及徹底しなければならない」（〈　〉は筆者）という一文を明記している。文化とは，人間が自然とのかかわりの中で築き上げてきた環境の一部であり，人間社会の生活様式を規定する重要な構成要素の一つである。音楽はそうした文化の中で欠くことのできない重要な存在であり，音楽を抜きにした文化の創造は決してあり得ない。

　なお，平成18年改正の新・教育基本法の前文では，新たな日本の教育の根本理念が以下のように高らかに謳われている。

　　我々日本国民は，たゆまぬ努力によって築いてきた民主的で文化的な国家を更に発展させ

るとともに，世界の平和と人類の福祉の向上に貢献することを願うものである。我々は，この理想を実現するため，個人の尊厳を重んじ，真理と正義を希求し，公共の精神を尊び，豊かな人間性と創造性を備えた人間の育成を期するとともに，伝統を継承し，新しい文化の創造を目指す教育を推進する。

　この前文には，旧法にはなかった「豊かな人間性と創造性を備えた人間の育成」および「伝統を継承し，新しい文化の創造を目指す教育」という新たな教育の理想像が描かれており，まさに「教育基本法」の中にわれわれ芸術教育・音楽教育の根本理念と存在理由が明記されているのである。

イ　学校教育法

　昭和22年制定の「学校教育法」では，小学校教育の目標として第18条に8項目の目標が掲げられている。その第8項目に「生活を明るく豊かにする音楽，美術，文芸等について，基礎的な理解と技能を養うこと」が掲げられており，ここに音楽科の存立根拠が認められるのである。しかし，中学校の教育目標（第36条）3項目には，小学校のような明確な存立根拠は示されておらず，中学校教育における音楽や美術の必要性については何一つ示されていない。これは明らかな法的不備であり，小学校と同様に，芸術教科の必要を示す明確な目標文が必要である。

　平成18年改正の新「学校教育法」では，さすがにこの法的不備は改正され，小学校と同様，中学校の教育目標についても，義務教育における「教育の目標」（第21条）として10項目の目標が掲げられ，その第9項目に「生活を明るく豊かにする音楽，美術，文芸その他の芸術について基礎的な理解と技能を養うこと」が明記された。これによって，これまであいまいになっていた中学校における音楽科の存在理由が明確になったのであり，われわれは音楽科の存在を堂々と法的に主張できることになった。

ウ　教育課程審議会（答申）の基本方針

　同審議会は今次教育課程の基準の改善のねらいとして次の4点を挙げている（下線筆者）。

（ア）<u>豊かな心</u>をもち，<u>たくましく生きる</u>人間の育成を図ること

（イ）<u>自ら学ぶ意欲</u>と社会の変化に主体的に対応できる能力の育成を重視すること

（ウ）国民として必要とされる基礎的・基本的な内容を重視し，<u>個性を生かす</u>教育の充実を図ること

（エ）<u>国際理解</u>を深め，<u>わが国の文化と伝統</u>を尊重する態度の育成を重視すること

　下線を付した6つの語句は，明らかに音楽科教育が分担することのできる分野・領域であろう。基本方針とこれほどの整合性を持つ音楽科の存在を無視して，授業時数を削減しているところに，本答申の根本的な自己矛盾と自家撞着が露見されるのである。

（2）学的根拠

ア　音楽教育史から

　西欧精神の源，古代ギリシャではポリス市民となるすべての若者に音楽教育を施すことが法律で定められていた。スパルタの「リュクルゴス法」，アテネの「ソロン法」などでは，音楽は精神を鍛えるために，体育は身体を鍛えるためにそれぞれの訓練が行われた。中世初期のカトリッ

ク教会では聖歌隊員によってグレゴリオ聖歌が歌われたが，その指導に当たって11世紀の教会音楽家グイード・ダレッツォは，左手の親指の第1関節から順に音名（ドレミ）を付け，聖歌を覚えやすくしたという（グイードの手）。中世の大学では「7自由学芸」〔学位取得に必要な必修科目，3学（文法・論理・修辞），4科（算術・幾何・音楽・天文）から成る〕の中に音楽が含まれていた。宗教改革（ドイツのマルティン・ルター，フランスのジャン・カルヴァン）における自国語による聖書の講読と会衆によるコラールの合唱を通して音楽教育の必要性が認識された。ルネサンス期のヒューマニズムとプロテスタンティズムは，科学的研究対象やミサの背景としての音楽を開放し，音楽自体に宿る美と価値によって，また，宗教的感情の自由な発露によって，音楽を高く評価した。近世・近代の宮廷学校や教区学校で音楽が重要な科目とみなされたのはそのためである。

　わが国においても，明治5年の「学制頒布」以来，伊澤修二を中心とした「音楽取調掛」の模索や，諸学校における唱歌教育の様々な試行を経て，唱歌教育から音楽教育への開拓や変革が行われた。戦後四半世紀の音楽科教育の流れは，美的経験＝情操陶治としての軌跡であったと言えよう。これらの歴史的事実は，音楽教育の堅固な存立根拠となっている。

イ　哲学的・美学的基盤

　今日のようなテクノロジー社会，情報化社会にあっては，日常経験と美的経験の断絶は深まる一方である。われわれの音楽享受は，演奏会における鑑賞，LP・CDの聴取からLDの視聴を経て，今や音楽聴取の主流は「iTunes」から好きな音楽をダウンロードしたり，「YouTube」で好きな動画を楽しんだりする時代になった。生演奏による「感動体験の共有」や異文化接触を通しての「異文化理解」は次第に遠のいた存在となり，日常生活から隔絶された場で，日常経験とは無関係に「美的経験」を求めることが多くなっている。だが，両者は本来密接な関連を持っているはずである。

　芸術作品の多くは，日常世界における生命力の発露や感情の燃焼を母体として形成されるものである。デューイは，われわれの日常経験の中に，美的経験の萌芽が宿っていると指摘した〔ジョン・デューイ著（1934）鈴木康司訳（1969）『芸術論—経験としての芸術』春秋社，15頁〕。日常経験における緊張と弛緩，欠乏と充足，衰退と高潮，奮闘と達成などの生成は，音楽経験における感情や気分の推移と類似してはいないか。人間の日常経験は大小さまざまなリズム（周期的運動の秩序）をなし，その一つ一つが，全体として人間の生存や文化の創造と受容に，何らかの意味を付与するのである。だが，人間はそうした経験を必ずしもストレートに表出するとは限らない。ランガーによれば，人間存在に固有な根本要求は，経験を象徴化しようとすることであるという〔S.K.ランガー著（1942）矢野万里／池上安太／貴志謙二／近藤洋逸訳（1960）『シンボルの哲学』岩波現代叢書，47頁〕。すなわち，芸術作品の中には，日常経験に関連した何ものかが秘められているのである。

　こうした日常経験と美的経験との類似性や連続性に着目するならば，すべての子どもたちは美的経験への可能性を持っていることになる。たとえ音楽学力がどんなに低い子どもであっても，その子なりの生活があり，日常経験があるからである。その生活感情を音楽経験の中に呼び込み，音楽経験を通して日常経験を見直す中で，その子どもは新しい自分を発見することになる。その過程が大切なのであって，音楽の知識や技能は単なる表現の手段にすぎないのである。

音楽科教育は，特殊な経験や才能に恵まれた一部の子どものためではなく，すべての子どもを対象として行われる，という自明の理は，今日では広く行きわたっている。こうしてすべての子どもの認識過程としての音楽学習の価値は，これまでほとんど見過ごされてきた。リーマーは，音楽教育の存在理由は「主観的現実を知る基本的方法」にあるとし〔ベネット・リーマー著 (1970) 丸山忠璋訳 (1987)『音楽教育の哲学』音楽之友社，25頁〕，ルチアーノ・ベリオも「現実に対する自覚を可能にする重要な方法は，今日の音楽と関わることである」と述べている〔ジョン・ペインター＆ピーター・アストン共著 (1970) 山本文茂／坪能由紀子／橋都みどり共訳 (1982)『音楽の語るもの——原点からの創造的音楽学習』音楽之友社，扉頁〕。これらの見解は，音楽というものは今や，単なる楽しみや喜びのレベルにとどまらず，人間が自己の存在証明をそこに見いだすかけがいのない場であることを物語っている。

ウ　音楽教育心理学の知見

　音楽教育という営みを人間行動の科学という視点からとらえた場合，大きく二つの側面が考えられる。その第1は，音楽そのものにかかわる人間の行動（作曲・演奏・鑑賞，および，それらの成立基盤となる音楽的能力・知覚・認知）であり，第2は，音楽の教授・学習にかかわる人間の行動（成長と発達，学習，人格などの領域を含む）である。これらの行動科学的知見〔ここではエドウィン・ゴードン著 (1971) 久原恵子訳 (1973) 徳丸吉彦監訳『音楽教育の心理学』〈講座現代の音楽教育学 1〉カワイ楽譜　を取り上げた〕によれば，次のようなことが明らかである。

　「音楽適性」（児童生徒の持っている音楽学習の可能性）は，持って生まれた資質と幼少時の環境の影響とが重なり合ってできあがるものであり，どんな年齢の子どもたちにも，正規分布曲線状に広く備わっているものである。音楽適性には，音の適性，リズムの適性，美的な表現・解釈の適性などの要素が認められているが，これらは個人間で，また個人内で，得手・不得手がある。音楽適性は小学校低学年では変動しやすいが，10歳頃になると，もう訓練や練習による変化は起こりにくくなる。家庭の社会的・経済的地位，音楽的訓練といった環境的要因は，音楽適性にはほとんど関係ない。また，人種・宗教・国籍なども，音楽適性の水準に影響を与えない。文化的に恵まれない人々の中にも，恵まれた人々の中にも，音楽的才能を持った子どもが存在している。音楽適性テスト（日本にはないが，アメリカには10以上ある）の得点と知能との相関は，正であるが低い（関係はあるが希薄）とされ，学力テストの得点と音楽適性テストの得点との相関は，これより幾分高い，とされている。

　「音楽学力」（児童生徒が音楽学習を通して獲得したもの）の面では，リズム，音高，聴取，器楽などの学力は，知覚学習（音の単なる受容と記憶）にとどまらず，概念学習（知覚されたものを未知の音楽に転移させ，一般化させるもの）を徹底させることによって，よりよく達成されることが突き止められている。

(3) 音楽に宿る教育的価値

　音楽という営みの本質的特徴は，抽象性・時間性・運動性・感覚性・感情性・論理性などにあるとされている（弘文堂『美学事典 増補版』，318〜323頁）。また，偉大な教育家たちは昔から，ある程度の普遍性を持った学習指導の原理を突き止めている。すなわち，「直観の原理」（コメニ

ウス，ペスタロッチ，ディースターヴェークら），「自発性の原理」（ルソー，フレーベル，デューイら），「興味・関心の原理」（ヘルバルトら），「個性化の原理」（19世紀末アメリカ），「社会化の原理」（ブラメルドら），「経験の原理」（デューイ，キルパトリックら）などである。

　そして，大切なことは，これら学習指導の原理と前掲の音楽の本質的特徴とが結び付いて，音楽に宿る教育的価値という網目細工を織りなしている点に着目することである。その教育的価値を焦点化すれば，次の5点に集約されよう。

① 感動体験の共有
② 知性と感性の融合
③ 精神の集中と意思の持続
④ 人間感情の純化
⑤ 現実認識の方法

　これらの説明については，本書終章終末部分を参照されたい。

4. 結びにかえて

　以上，己の立場もわきまえず，長々と檄文めいた扇動的ともいえる文章を連ねてきたが，その真意は，教育現場にセンセーションを巻き起こそうとするものではない。1950年代後半，第3次学習指導要領（昭和33年告示）の作成の過程で，経済高度成長を目指す経済界から，芸術教科を教育課程から取り除こうとする恐ろしい動きがあり，現在以上に深刻な音楽科教育の危機が訪れた。筆者が大学に入学した昭和32年当時の話である。経済界からの強い要望を受けて，理数系教科からの芸術系教科に対する激しい攻撃がマスコミ上で展開されたとき，作曲家・演奏家・評論家・教育家の先人たちは，まさに体を張って団結し，「学校から音楽を消すな」という激しい訴えを世論に投げかけたのである。その甲斐あって，芸術教科は守られ，今日までの地位を築き上げてきたのである。その血みどろの努力に思いをはせるとき，そして，10年後，20年後のわが国音楽科教育の状況を考えるとき，今，できるだけのことをしなくてはならない，という使命感が拙文を噴出させたのである。音楽科主任の先生方の健闘を祈りたい。

⑫ 音楽科におけるカリキュラム開発の展望

　情報化社会，価値観の著しい多様化，音楽文化状況の絶え間ない変容といった現代の音楽科教育を取り巻く状況の中で，生涯学習的見地から，学校教育が子どもの未来の音楽生活に向けて真に意味ある音楽学力を身に付けさせるべきであるとすれば，まずもって，音楽カリキュラムの抜本的な見直しが必要となるだろう。

　新たな音楽カリキュラムの構築は，目標理念や指導法の問題もさることながら，音楽科の教育内容と教材のスコープ（scope）とシークェンス（sequence）をどう限定し，どう構造化するかにかかっている。しかもその作業は，蓄積された多くの教育実践と，最新の教授・学習理論の研究

成果に裏付けられたものでなくてはならない。しかし，言うは易く，行うは難しである。

　今日の子どもの現実（経験，意識，興味，関心，意欲，態度，能力など）をどうとらえるか。「音楽がわかる」とか「音楽がわかるようになる」ということの仕組みはいったいどうなっているのか。どんな音楽様式をどんな順序で学習させるのか。音楽科として，教育内容と教材との関係をどうとらえるか。音楽の生涯学習を可能にさせる要因は何か，などなど。

　どれ一つを取り上げてみても，根拠のある解答が用意されているとは言い難い。日々の地道な教育実践成果と，堅固な基礎研究の結果とを互いに投げかけ合い，検証し合うしかないだろう。

『季刊音楽教育研究』（No.33）

〔参考：昭和30年代から40年代にかけては，民間音楽教育運動が活発に行われた時代である。そうした民間音楽教育研究の成果を体系化し，子どもの側に立ったやさしくて楽しい民間音楽教科書に『おんがくぐーん』（1974）がある。これは，林光編『うたのほん』，粟津潔・佐藤信・山住正巳・林光編『おんがくのほん』，鑑賞用LPレコード，『解説のほん』の4点セットからなっており，いずれもしっかりした装丁の大著で，超初歩の音楽学テキストとでも呼ぶのがふさわしいだろう。独特の音楽科カリキュラムの開発例と見ることもできよう。拙稿（2004）「教科書」『日本音楽教育事典』305頁にその概要をまとめておいた。〕

【書評②】「西園芳信著 (1993)『音楽科カリキュラムの研究 原理と展開』」

音楽之友社　A5判上製 320頁　音楽之友社刊『教育音楽 小学版』平成5年10月号　BOOK SCRAMBLE

　教育課程の研究は，音楽教育研究の重要な分野であり，基底論研究・発達論研究・授業論研究と並んで，音楽教育の広範な実践を基礎付ける支柱の一つとなっている。

　しかし，わが国における教育研究の伝統の中では，教育課程研究は一般に教育行政的枠組みにしたがって，主として学習指導要領の受容と展開に関心を寄せる風土が強かったように思われる。

　こうした傾向は，音楽科の教育課程研究にも顕著に認められ，音楽科のカリキュラムについての哲学的・美学的・歴史的・社会的・体系的研究はこれまで十分に行われてきたとは言い難い。この意味で，本書刊行の意義は極めて大きいと考える。

　本書は，音楽科カリキュラムの構成原理（第1部）と展開（第2部）の2部で構成されている。筆者の課題意識の中核には，第1部の論究と第2部の考察を通して，「21世紀のわが国の音楽科教育に求められる音楽科カリキュラムのモデルを展望すること」が据えられている。そして，この課題に迫るために，研究のメタ理論的検討，美学的・心理学的・哲学的基礎付け，アメリカにおける事例の分析，学習過程論的考察の4者が設定されている。

　以下，各章の内容を切り詰めて紹介しておこう。第1章（計9頁）は，音楽科教育学研究の対象・構造・領域・方法などを素描し，本研究の位置付けを行ったものである。第2章（計24頁）では，芸術の教育的価値についてデューイ，ランガー，リーマーの見解の総合を試み，第3章（計28頁）では，音楽的発達の要因を遺伝と環境の双方から論じ，この両章によってカリキュラム構成の美学的・心理学的基礎付けを行った。第4章（計34頁）では，教育思想を背景としたカリキュラム

の類型化を試み，構成上の形式原理を論じている。

第5・6・7章はアメリカにおける事例の研究であり，いずれも歴史的・理論的背景のもとに目標・内容・教材などの分析を行っている。第5章（計45頁）では，生活中心モデルとして1950年代の教科書 *Music for Living* を，第6章（計54頁）では概念中心モデルとして1970〜80年代の教科書 *Silver Burdet Music* を，第7章（計52頁）では，人間中心モデルとして同年代のオープン・スクールにおける事例をそれぞれ対象として論考が展開されている。第8章（計28頁）では，考察の対象を日本の事例に限定し，学習過程論的視点からこれらを分析した後，終章（計11頁）の新しい音楽科カリキュラムの提案につなげている。

本書の特徴は以下の3点にまとめられよう。第1は，教育実践に直接携わる現場の音楽教師に対して，学習指導要領・音楽の目標・内容・教材・方法をとらえる新たな発想と広い視野を示唆している点である。すなわち，音楽科はなぜ学校の教育課程に含まれねばならないのか，「表現科（音楽）」の構想をどのようにとらえたらよいか，わが国の音楽科カリキュラムはどのような背景と根拠によって設定されているか，といった大問題を考える糸口を学ぶことができるのである。

第2に，わが国の研究者に対して，教育課程論的研究における事例分析の一つの方法論モデルを提供している点である。オルフ，コダーイ，ペインター，ヤマハ，鈴木などの音楽教育のシステムを，こうした教育課程論的角度から分析していく仕事はまだ進んでいないからである。

第3に，若い後続研究者の旺盛な批判精神に応えられるよう，論述の根拠となる出典をかなり詳細に明記している点があげられる。

最後に，本書についての問題点・批判点をあえて記しておきたい。一つは，各章の内容の相互関係について，図解などを通してもう少し詳しく論述してほしかった。1・2・3章と4章の関係，5・6・7章と8章の関係が鮮明に見えてこないからだ。もう一つは，終章のモデルの考察・論考があまりにも簡略すぎる点だ。読者が本当に知りたいのはこの部分であるからだ。

ともあれ，この本を読まずに音楽科のカリキュラムは論じられまい。

⓭ 自己表現力の育成と創造性

創造性の育成は，現代教育の主要課題としてこの四半世紀間，常に教育実践の根本問題となってきた。そしてこれは，21世紀に向けてのわが国教育戦略においても，不動の原理的・中核的課題だと言えよう。

一方，学校音楽では表現領域における学習指導の焦点として，自己表現力の育成が重視され，一部には一定の成果が認められるものの，全体としては，自己表現力＝表現技能という図式のもとに，歌唱・器楽の演奏技術の追究という狭い袋小路に子どもたちを追い立てる傾向が強いように思われる。

こうした表層的・短絡的発想を克服し，子どもたち一人ひとりの内面に光を当てながら，豊かなイメージの形成を通して，創造性の内包と外延に深くかかわる実践指針を樹立する必要がある

100 ｜ 4. 喫緊課題にどう応えるか

と考える。

　しかしながら，問題の根は深く，しかも錯綜している。すなわち，流暢性・柔軟性・独自性・細密構成力といった創造的思考の因子が，準備・温め・ひらめき・確かめといった創造性の過程と結び付きながら，自己表現力の基盤となる学習主体のアイデンティティー，イメージ形成，表現技能などと，まるで網目細工のように層構造をなして複雑に絡み合っているのである。さらに，創造性が発揮される水準として，「すでにあるものをまねる」「離れているものをつなぐ」「足りない部分を埋める」「すでにあるものに何かを加える」「まったく新しいものをつくる」などが考えられるのである。しかもそれらは，音楽というとらえがたい流動的複合体――音楽の構成要素が表現媒体と様式原理に支えられて，時間的に連動している――の中で生起しているのである。

　こう見てくると，もはや個別的・分析的アプローチはあまり役立ちそうにない。むしろ，音楽の事実をあるがままに（like it is）子どもたちに直接に経験させるところから出発し直すべきであろう。「再創造」としてではなく「原創造」として。

『季刊音楽教育研究』（No.50）

【論説】
「音楽教育における表現力の育成」

文部省刊『中等教育資料』昭和54年11月号　特集／豊かな表現力を育てる

(1)

　素朴な疑問から始めよう。

　「われわれは，いったいなぜすべての子どもたちに音楽経験の機会を与えねばならないのか」――この疑問に対して，おそらくわれわれは即座に「人間性豊かな児童・生徒を育てるために，そして，豊かな情操を養うために」と答えるだろう。しかし，現代アメリカの音楽教育哲学者ベネット・リーマー（Bennet Reimer）は，用心深くこう答えている。「音楽という芸術は，現実を知る（'knowing' about reality）ための基本的方法のひとつであるからだ」と[1]。両者の差異はどこにあるのか。それは，われわれが大人の側に立ち，リーマーが子どもの側に立っていることである。それだけではない。われわれは「豊かな人間性，情操」という教育の究極目的を指向しながらも，音楽に固有な性質や価値の経験が「現実の認識」につながるという洞察を持ち得なかった。学ぶ主体における自己変革や価値観形成をもたらす源となるものは，まさに音楽の持つこの「現実認識」の機能だった。ただし，リーマーが用いている「現実」（reality）という言葉には，「主観的現実」（subjective reality）〔人間生活の感情に満ちたあり方（訳書68頁）〕という意味が込められており，音楽という営みに宿されている人間感情の無限ともいえる広さ，深さ，複雑さのなかに自分にとっての音楽の意味を見いだしていくことがどんなに価値あることかを，リーマーは諄々と説いている。

　子どもが音楽経験の中で，「ぼくが本当に言いたいことはこれだ！」「この音楽はわたしの思っていることを本当に言っている！」という確かな気持ちを持つとき，彼らの中には「主観的現実」

が芽生えているのである。われわれの究極目標である「人間性」や「情操」の育成は，実はこうした主観的現実の認識を伴う教科固有の性質と価値の確かな経験を通してのみ，実現されるのではないだろうか。

本テーマ「豊かな表現力の育成」は，以上のような音楽教育の新たな理念に引き付けて考えるとき，音楽科固有の学びの性質と価値を追究する手立てとして，重要な問題を含んでいる。

（2）

まず，音楽芸術一般における「表現力」の概念について考えてみよう。「表現」（expression）という言葉は一般に「心的状態・過程または性格・志向・意味など，総じて精神的・主体的なものを，外面的・感情的形象として表すこと」（岩波書店『広辞苑』）と解されており，「心の内部で行われている動きが外部に現れること」（金子書房『教育心理学新辞典』）という意味から，「表出」（Ausdruck）という言葉が使われることもあるという（平凡社『哲学事典』）。一方，芸術的表現の契機として，「表出」と「描写」（Darstellung）とを区分する考え方もある（平凡社『音楽事典』）。この区分とは別に，音楽における「表現」は「形式と内容のかかわり」としてとらえられることが多い。すなわち，表現の中には，表すべき内容ないし対象と，これを伝達するのに必要な媒介手段としての形式の2契機が必ず含まれており，両者の関係づけ，または，統一化を表現とする考え方がそれである。

しかしながら，音楽における表現（内容と形式の統一）の問題は，音楽芸術が他芸術以上に複雑・多様なメカニズムの上に成立しているが故に，表現に必要な力量や能力としての「表現力」の構成要因を客観的に見極めることは困難を極める。そこでわれわれは，いま一度音楽という芸術のメカニズムそのものを分析・吟味することによって，音楽における「表現力」の一般的構成要因を探査することにしよう。芸術創造のメカニズムを包括的に図式化してみると，おおよそ次のような構造図「図16 芸術創造のメカニズム」が成立するであろう[2]。

この図について説明を加えておく。人間生活におけるさまざまな刺激と反応の中で，ある人にとって表現する価値のある何者かが認識され，この内なる原体験を何らかの形で外に表したいという強い衝動や意欲が芽生えたとき，芸術創造の起点が形成される（「価値認識」の次元）。

次に，その原体験を表現するのに最もふさわしい素材・技法が何であるかの追究が始まる。声か楽器か，テクスチュアの傾向は，音組織は，といった問題が次々とさまざまな試行錯誤を伴って追究され，原カオスは次第に明確な音の形をとってくる。音楽の全体像が徐々に定着し，部分と全体の関係が組織され，秩序付けられる。こうして，最終的な形で楽譜が完成される（「価値創造」の次元）。

楽譜は，現実に鳴り響く音に還元されなければ，単なる紙切れにすぎない。演奏家は楽譜を通して作曲者が描いた音のイメージを探り，原創造の追体験を経て，的確な演奏解釈によって楽譜を音に還元していく。ここでは，作曲者が自分の考えの大筋を示すだけで，故意に細部を演奏家の自由裁量にゆだねる場合も出てくる（「価値存在」の次元）。

こうして最後の次元がやってくる。それは，鳴り響く音とかかわる他者が，その響きの中に何らかの意味や価値を認めるという鑑賞の段階である。それは言語的に，あるいは非言語的に，そ

図16 芸術創造のメカニズム

拙稿（2003）「新しい音楽表現の広がりを求めて——〈こころの表現〉に迫る学習方略の展望」アカデミー・プロモーション刊『音楽活動の形を広げる』小学校音楽教育実践指導全集 第7巻（全学年用）第1部 理論編 第3章 68頁

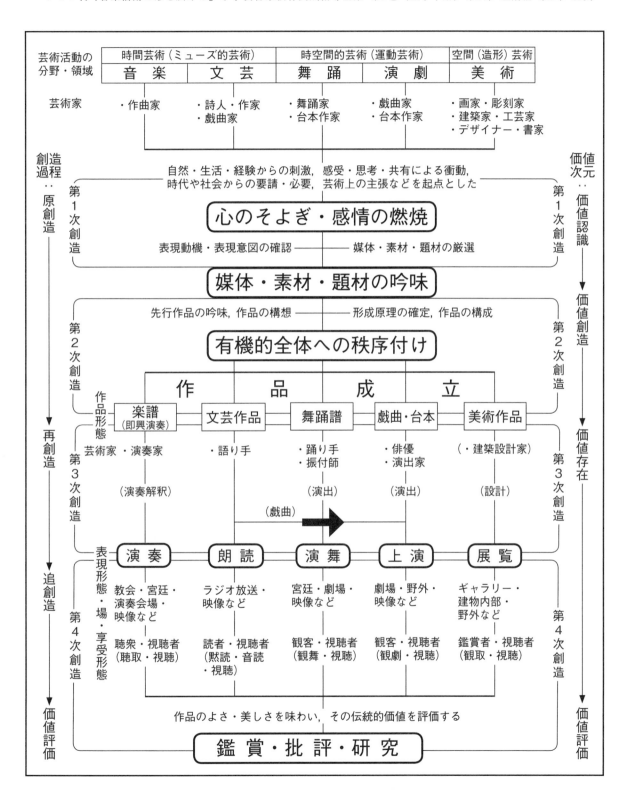

の演奏や作品に対して主体的な評価を行う行為である。このような評価を言語的に公表するのが批評家及び研究者の仕事である。批評家は，評価の対象を今日的なものに限定するのに対して，研究者はその範囲を過去に向けて拡大し，演奏や作品の歴史的な価値を突き止めようとする（「価値評価」の次元）。

　以上のような芸術創造のメカニズムの諸相を「音楽における表現力」の面から見直してみると，次の諸点が確認される。

(1)「価値認識」の次元における「表現力」とは，「表現意欲の強さ」である。なぜなら，この次元では，自然・生活・経験・興味などとかかわって生きる人間が，そこで見いだした価値感情をそのまま放置せず，何らかの素材を使って表出しようとする根源的な衝動が働くからである。

(2)「価値創造」の次元における「表現力」とは，「音を組織する力」である。なぜなら，この次元では，音のイメージを楽譜なり行為（即興演奏）として具体的な形をとった部分・全体へと秩序付けようとする意識が働くからである。

(3)「価値存在」の次元における「表現力」とは，「演奏技術の高さ」および「楽譜を洞察する力」である。なぜなら，この両者があいまってはじめて楽譜から音への的確な還元が可能となるからである。

(4)「価値評価」の次元における「表現力」とは，「音を判断する力」および「言語表現能力」である。なぜなら，価値評価を前提とした高度な鑑賞には，作品や演奏の構造・性質・価値を識別する鋭い「耳」が不可欠であるからであり，その識別・判断・評価の内容を社会的・言語的に公表しなければならないからである。

　音楽創造のメカニズムに含まれるこれらの多様な「表現力」の要因は，さらに，個々が独立的に存在するのではなく，相互に深い連関を保ちながら作動・機能している点をも見逃すことはできない。

　以上を要約すれば，音楽における「表現力」とは，「表現内容と表現形式とを統一する力」であり，その要因としては，表現意欲・組織構成力・演奏技術・楽譜洞察力・識別判断力・言語表現力の6点が仮説的に想定される。

(3)

　音楽芸術一般における「表現力」についての以上のような考察は，はたしてそっくりそのまま音楽教育にも当てはまるであろうか。ここで再び冒頭のリーマーのテーゼを思い起こそう。子どもたちの主観的現実認識は，音楽に固有な性質や価値の体験を通して可能であった。では，音楽の固有な性質・価値とは一体何か。リーマーは，メイヤーの美学[3] に全面的に依拠しながら，この問題を詳細に論じているのだが，リーマーの所論の中で，われわれにとって今，最も重要であると思われるのは，次の諸点である。

　① 音楽を音楽以外のものに置き換えることはできない。
　② 音楽の意味と価値は作品の美的性質（aesthetic nature）の中に存在する。

③ すべての子どもたちの人間的性質の中には，音楽の美的性質と類似のものが宿っている。

④ 音楽と子どもとのかかわりがどれだけ深まったかによって，作品の教育的価値が決まる。

⑤ すべての子どもたちは，音楽とかかわることを通して，「主観的現実」を知る可能性を持っている。

⑥ 音楽への洞察力は，作品に含まれる美的性質と深くかかわることによって，これを育てることが可能である。

こうした現代の音楽教育哲学の見解を踏まえ，さらに，これらを学習指導要領に見られる音楽の諸目標と照らし合わせるならば，前節で取り上げた「表現力」のいくつかの要因のうちのあるものはおのずと棄却され，残ったものの相互間にもおのずと軽重関係が見いだされるであろう。すなわち，言語表現力は，専門家が評価内容を公表するためには不可欠のものであるが，もし教育においてこれを重視すれば，子どもたちはたちどころに音楽を言葉で説明する努力を始めるだろう。これは音楽の価値を根底から覆す重大な誤りである。したがって，豊かな表現力を目指す音楽教育においては，この言語表現力という要因は却下しなければならない。

次に，本格的な音楽の組織力・構成力や高度な演奏技術は，作曲や演奏には絶対に欠くことのできないものであるが，すべての子どもたちに高度な理論や技術を学ばせることは不可能であるとともに無意味である。子どもの発達段階に応じた一定水準の理論や技術は確保しながらも，それらの学習指導の根底には，絶えず教材に含まれる美的性質と子どもとのかかわりを一貫して追究するような配慮が必要である。

豊かな表現力の育成にとって何よりも重視されなくてはならないのは，表現意欲・洞察力・判断力であって，他者（組織構成力・演奏技術・言語表現力）は，それらと関連付けられる中で，はじめて子どもたちに意味を持ってくるであろう。

実例をあげよう。ここに中学校第2学年歌唱共通教材《浜辺の歌》（林古溪・作詞，成田為三・作曲）がある。この音楽に含まれている美的性質とは一体何であろうか。

ア　自然の美しさを七五調で素朴に謳（うた）い上げた歌詞と旋律の関係

イ　揺れ動く波を思わせるピアノ伴奏のリズム感・流動感と8分の6拍子の親しみやすい旋律感・拍子感の組み合わせ

ウ　順次進行と跳躍進行が適度に混用された旋律線の美しい流れと，ダイナミックス・アゴーギクが見事に融合された自然なクライマックスの構成

これらはどれも，確かにこの音楽の美的性質を構成している重要な要素である。しかし，《浜辺の歌》を音楽として価値づけている最も本質的・中核的な性質は，「イ」の性質を中心にした「単音旋律の流れとピアノのアルペッジョ伴奏との関係」ではないのか。まさにこの本質的性質を要として，ア，イ，ウのそれぞれの要素は，見事に全体の中に生かされているのだ。こうした洞察もなしに，口形練習や音程ドリルをいくらやってみたところで，子どもと教材のかかわりは一向に深まらないだろう。逆に，ア，イ，ウのそれぞれの観点から曲のよさを考え，最終的に「単音旋律の流れとピアノのアルペッジョ伴奏との関係」に徹底的にこだわって，「最高に美しいピアノ伴奏」で子どもたちの歌を包んであげるのがわれわれの最終的な務めであると思う。

(4)

子どもは小さな芸術家である。彼らはそのしなやかな体の内に，すでに豊かな表現力の芽を宿している。それを育み花開かせるのがわれわれの務めである。音楽教育において豊かな表現力を育成するためには，われわれは何よりもまず，音楽表現に向けての子どもたちの意欲・洞察力・判断力に着目し，それとの深いかかわりの中で，音を組織・構成していく力や演奏する力を培っていくようにしたいものである。

注
(1) Bennet Reimer (1970)：*A Philosophy of Music Education*, Prentice-Hall, p.9　邦訳：ベネット・リーマー著　丸山忠璋訳（1987）『音楽教育の哲学』音楽之友社　24〜25頁
(2) 拙稿「新しい音楽表現の広がりを求めて──〈こころの表現〉に迫る学習方略の展望」アカデミー・プロモーション刊（2003）『音楽活動の形を広げる』小学校音楽教育実践指導全集　第7巻（全学年用）第1部　理論編　第3章　68頁
(3) Leonard B. Meyer (1956)：*Emotion and Meaning in Music*, The University of Chicago Press.

⑭ 表現科（音楽）を考える

「小学校音楽科が危ない！」──関係者の間で近頃よく耳にするこの言葉が，現実味を帯びて身近に迫ってきた。東京都千代田区立錦華小学校は，文部省研究開発学校の指定を受けて平成3年から2年間，「国際社会を豊かに生きる児童の育成」を主題として研究を重ね，平成5年2月，その結果を発表した。

この中で，新教科の一つとして「表現科」が明確な姿を現したのである。生活科，人間科，環境科と並んで新設されたこの表現科は，現行教科の音楽と図工の多くの部分，国語と体育の一部，新たに加わった劇表現などを統合した内容になっている。

この錦華小研究は，全体として時代を先取りした素晴らしい発想に満ちているが，表現科に含まれている音楽の指導内容に関しては，大きな問題をはらんでいる。このままでは，音楽は小学校教育の中で明らかに空洞化され，崩壊してしまう。何とかしなければ，というこのとき，本誌『季刊音楽教育研究』は一時「休憩」に入る。残念である。

『季刊音楽教育研究』（No.77）

〔参考：本誌『季刊音楽教育研究』の発足とその前の月刊誌『音楽教育研究』の発足の経緯については季刊誌，第61号の特集2「『季刊音楽教育研究』15年の歩み」の拙稿巻頭文で概要を示し，同特集所収の浜野政雄氏の論文「創刊15年，その歩み，その役割」において総括的論評がなされている。昭和33年5月15日，音楽之友社から『季刊音楽教育研究』第1号が出されたが，これは第2号（夏号）をもって廃刊になった。

その7年後の昭和41年5月1日，同社『器楽教育』を改題して，月刊誌『音楽教育研究』が創刊されたのである。同誌ははその後98号までの月刊期を経て，昭和49年1月号から季刊誌となった。月刊期から季刊期を通して，本

誌のように理論と実践の統一と調和，理論研究者と実践研究者の連携・協力をこれほど一貫して追究してきた雑誌は世界中どこにも見当たらない。

筆者は幸運にも，供田武嘉津・浜野政雄両氏のコンビによる同誌の編集を，昭和55年の冬号（第22号）から河口道朗氏とのコンビで引き継ぎ，計28回の巻頭文を書かせていただいた。そればかりか，連載論文「創造的音楽づくりとは何か」（5回），「音楽教育研究の方法と分野」（14回）を書かせていただき，自分なりの音楽教育学の体系と成立条件を突き止めることができた。この時代に学兄・河口道朗先生と組んで，音楽教育における理論と実践の統一に向けて，音楽之友社編集担当者の皆様とともに多彩な論題を仕組んだ東京・神楽坂での楽しい13年間の熱い議論は，その後の研究や実践のかけがえのないエネルギーとなった。〕

【論文①】
「〈表現科〉構想の成果と問題 ——文部省研究開発学校〈錦華小モデル〉の検討を通して」

建帛社刊『アート・エデュケーション』第20号：5（4）13〜20頁

●序：図画工作科，音楽科が危ない！

東京都千代田区立錦華小学校（平成5年度から「お茶の水小学校」と改称）は，文部省研究開発学校の指定を受けて，平成3，4年度の2年間にわたり「国際社会を豊かに生きる児童の育成—— 新教科の設定とカリキュラム・マトリックスの活用を通して」という主題のもとに研究を進め，平成5年2月，その結果を同校『研究紀要』として発表した。

この研究内容のすべて（以下〈錦華小モデル〉と略記）が直ちに一般の学校における教育課程の編成・実施に適用できる性格のものではないことは明らかであるが，研究開発学校の研究成果は，その一部または全部が次期学習指導要領の改訂に生かされる，という従来の経緯〔例えば今次（第6次）改訂における「生活科」の新設，中学校における選択教科の拡大と音楽・美術の実質的な授業時数の削減〕から考えると，その影響力は重大と言わざるを得ない。

小論は，〈錦華小モデル〉の成果をある程度積極的に評価しつつも，その「表現科」構想に宿る重大な問題にかんがみ，あえて「図画工作科，音楽科が危ない！」という危機意識に立って，本モデルを批判的に検討し，あるべき「表現科音楽」の方向を探ろうとするものである。

1．新教科の構想とカリキュラム・マトリックスの導入

本モデルでは，国際社会を豊かに生きる児童の理想像として，「目的と場に即した豊かで確かな判断力・思考力」，「相手を尊重しながら自分の気持ちや考えを伝えることのできる的確な表現力と，意欲的な実践力」を重視し，これらを具現するための基礎的な学力を，次の5点に焦点化している（紀要，5〜6頁）。

① 課題や問題を見つけようとする関心・意欲・態度
② 事物，事象に心を動かすことのできる感性
③ 正しく判断することのできる思考力
④ 的確な表現力

⑤ 強い意志を持った実践力

　これらの学力をより確実に培いながら，平成10年度以降の社会的状況の中で生じるであろう諸問題の洞察を通して，児童に身に付けさせたい知識や技能・態度を検討した結果，錦華小は，現在の教科による指導では「机上の学習」の域を出ず，真に生きる力としての学力は育成されないと考えた。そして，既存の教科・領域を見直し，次のように7教科1領域を設定してそれぞれのねらいを述べている。

① **国語科**　日常の社会生活はもとより，表現力・思考力・感性を深めすべての学習の元となっている言語の力を養う。(筆者補足：現行「国語科」と同じ。週6～7時間。以下同じ)

② **算数科**　数量についての関心や理解を深めるとともに，筋道を立てて考える能力を養う。(現行「算数科」と同じ。週4～5時間)

③ **体育科**　体力を高め，心身の健全な発育を促す。(現行「体育科」と同じ。週3時間)

④ **生活科**　生命を維持し，社会の中に生きる個人として，自立した生活を送ることができるようにする。(現行「生活科」〔第1・2学年のみ〕を第4～6学年まで広げる形で，「社会科」の一部，「家庭科」の一部，「道徳」の一部を統合。週1時間)

⑤ **表現科**　自己の内面を表現する技能を身に付け，適切な方法で他人に伝えようとする態度と豊かな情操を養う。(現行「音楽科」・「図画工作科」の内容に「国語科」の一部，「生活科」の一部，「体育科」の一部，新設の「劇化表現」を編入。週4時間)

⑥ **人間科**　生命を尊重し，すべての他人を認めながら，人としてのより良い生き方を求めようとする精神と態度を養う。(現行「社会科」の一部，「生活科」の一部，「家庭科」の一部，「道徳」の一部，「特別活動」の一部を統合。週2時間)

⑦ **環境科**　人間が置かれた環境についての知識や理解を深め，より良い環境をつくろうとする態度を養う。(現行「国語科」の一部，「社会科」の一部，「理科」の一部，「生活科」の一部，「体育科」の一部，「道徳」の一部を統合。週3～6時間)

⑧ **特別活動**　集団活動を通して，個性の伸長を図るとともに，社会性を養う。(現行「特別活動」に同じ。週2+(1～3)時間)

　このようにして〈錦華小モデル〉では，従来の「道徳」の内容をすべての教科に編入し，現行の9教科2領域を7教科1領域へと再編成したのである。「道徳」の指導がともすれば教科指導や特活指導と切り離された形で行われがちであった従来の取扱いを考えると，こうした新しい教育課程の編成は妥当であると言えよう（成果①）。**表3**は，以上の7教科1領域の中から4つの新教科を取り上げ，それぞれの教科の目標，学習領域，現行教科との関係を明らかにしたものである。

　さて，これらの教科・領域の相互の関連を深め，児童の意欲と発想を生かした指導方法を開発するために，〈錦華小モデル〉では，教育課程全体を見通し，指導内容の系統性，関連性を理解しやすくするために，「カリキュラム・マトリックス」を導入している。これは「学習のねらいや内容，身に付けさせたい力に対して，いくつかの教科領域において関連する学習内容を組み合わせて編成した「指導計画表」(紀要，76頁)であるという。

　表4は，第2学年における「表現科」のカリキュラム・マトリックスの編成例である。縦列に中心単元である表現科の指導計画をとり，横列にそれらに対応する他の教科・領域の内容を配置し

て，縦・横の関連を保ちながら指導内容を組み込んでいる。児童の興味・関心や思考の発展をあらかじめ予測して，それにふさわしい多様な学習の場を設定して，指導内容の関連をわかりやすく表示するこのカリキュラム・マトリックスの導入は，錦華小研究の大きな成果の一つであると言えよう（成果②）。

このほか，〈錦華小モデル〉は「幼・小の一貫性」という面からも大きな成果をもたらした。幼稚園・保育園における5領域（健康，人間関係，環境，言葉，表現）の指導内容が，錦華小の7教科1領域へとスムーズに移行していく可能性を切り開いたからである（成果③）。

2. 「表現科」のねらいと指導内容

錦華小は，新教科設定の視点として，前項でふれた「基礎的な学力」の実現を図るため，「学習の主体者である児童を中心にした学習の体系」という視点を掲げ，「学ぶ目標や内容と生活との関連を強め，児童の認識の中に，学習と生活との重なりを意図的に構築していきたい」と考えた。児童が生活する環境は，必ずしも自然事象，社会事象，文化的事象と明確に区分されているわけではない。そこで，指導したい内容をそれらの事象についての児童の体験と関連付け，そこから系統的に学習させる枠組みとして新教科（生活，表現，人間，環境）が発想されたという（紀要，13頁）。次頁の**資料5**は，新設した表現科のねらいを雄弁に物語っている。

要するに，従来の音楽・図工のほかに，討論，文章，舞踊，演劇，パフォーマンスなどの総合的で多彩な表現方法を用いる場を設定することによって，児童一人ひとりの中からより広い，より適切な自己表現力を引き出し育てようとするのが表現科のねらいになっている。こうした表現方法，表現手段の拡大という発想は，個性を生かす教育，自己表現力の育成という今日的教育課題の視点からも，高く評価されねばならない（成果④）。

こうしたねらいを受けて，前掲の表現科の教科目標と学年目標が設定されているのであるが，ここで一つの問題が発生している。それは，「基礎的な学力」（5項目）と「表現科の教科目標・学年目標」とを結び付け，橋渡しの役目を果たす「表現科を通して養うことができる能力」についての記述内容である（紀要，19頁）。求められている5つの学力を実現するために，表現科としていったい何ができるのか，という点についての洞察が甘く，課題の焦点がぼやけてしまっているのだ（問題①）。

次の問題は，表現科の教科目標，学年目標の理念・構造・解釈である。表3にあるように，表現科の目標は「自分を見つめ，心身の高揚と豊かな自己の確立を図るとともに，自分の感情や思考をさまざまな方法で表すことの喜びを体得したり，目的や意図に応じて，適切に表現することのできる力を養う」となっている。はっきり言ってこの目標文は，冗長で焦点が定まらず，中核となる目標理念が不在であるため，目標全体を構造化することができない。前段の「自分を見つめる」「心身の高揚」「自己の確立」などは，図画工作科や音楽科に固有な価値ではない。

中段の「感情や思考をさまざまな方法で表す」は幼稚園教育要領から取ったものであろうが，目標文の中に表現内容を限定する必要はまったくない。

教育要領や音楽科・図画工作科が重視している「感性」の理念はいったいどこへ行ってしまったのか。「情操」の理念が高学年目標に突如として現れるのも納得できない。表現科の指導内容

表3　錦華小における新教科の構想（紀要，13頁）

新教科	教科の目標	学習領域		現行教科との関係
生活科	児童が，現在および将来にわたって，人間として健全な生活を営むために必要な，基礎的な知識や技能を養い，自立できる能力を育てる。	A	規則正しい生活	道徳（低）
		B	健康で安全な生活	道徳（低）
		C	節度ある生活	道徳（中）
		D	食生活の意義とバランスの良い食事	家庭
		E	衣服の働きと整え方	家庭
		F	快適な住まい	家庭
		G	情報活用の仕方	社会（5年）
表現科	自分を見つめ，心身の高揚と豊かな自己の確立を図るとともに，自分の感情や思考を様々な方法で表すことの喜びを体得したり，目的や意図に応じて適切に表現することのできる力を養う。	A	創作・創造	国語（表現），生活，音楽，図工
		B	鑑賞	音楽，図工
		C	ミュージックBasic	音楽
		D	アートBasic	図工
		E	パフォーマンスBasic	体育（表現運動）
人間科	生命に対する畏敬の念を基に，自他を大切にしともに協力して生活することの良さを通して，人間愛の精神を養い，さらには，全人類に対する敬愛の念を育てる。	A	生命に対するとらえ方，接し方	道徳
		B	人に対する接し方	道徳
		C	家庭の中での自分	生活，道徳，家庭
		D	学級・学校の中での自分	生活，道徳，特活
		E	地域社会の人々や日本人としての支え合い	社会，生活，道徳
		F	外国人と日本人との支え合い	社会，道徳
		G	いろいろな時代に生きた人々の生き方	社会
環境科	自然や社会・文化に関心をもち，それらの変化の様子，および現状を理解するとともに，未来に向けてのそれらの，より良いあり方を考えようとする態度を養う。	A	自然事象	理科，生活
		B	社会事象	社会，生活
		C	文化・伝統	社会，国語
		D	環境・保全	社会，理科，生活，体育，道徳

資料5　「表現科」のねらい（紀要，14～15頁）

　日本人は自己を表現することが不得手である，ということについては，諸外国の人々からの指摘を待つまでもなく，すでに日本人自身が認識し始めている。反面，言葉に表さなくても分かり合える，感じ合えるということは，日本人の美徳であると言われてきた。しかしながら，21世紀の国際化社会の時代に，さまざまな風俗・習慣を持った多くの人々とともに生きることになる現在の児童にとって，自らを適切に表現することのできる力は必須のものになる。

　一般的に見て現在の児童は，与えられた課題をこなす技能は十分身に付けてきている。しかし，それらは多くの場合受け身であり，自分を表現することの楽しさにひたったり，自ら進んで創造・表現し自己実現を図ろうとしたりする意欲や思考力・持続力に欠けているように思われる。

　表現科では，上記の自己表現力育成の具体的な方法として，現行の音楽・図工をはじめとする芸術教科の枠をさらに広げ，ディベート，文章，舞踊・演劇からパフォーマンスまで，児童の発達段階に即して，総合的に表現活動に取り組めるよう指導内容を設定した。一つの題材を基に，児童に思い思いの活動を工夫させる。さらに，それらの活動を関連付けることにより，表現の場が広がり，より適切な表現方法も見いだされていくであろう。その中で，児童が意欲的に自己の内面を表現する満足感を味わったり，自分の考えをより適切に伝える方法を身に付けたりしながら自己を高め，豊かな個性を養っていくことをねらった。

の大部分が現行の図画工作科と音楽科の内容で構成されている以上，目標文も現行の両教科目標を基礎として作成されるべきではないか。たとえば，「表現及び鑑賞の活動を通して，創造活動の基礎的な能力を培うとともに，美しいものを愛好する心情と感性を育て，豊かな情操を養う」といった目標文にすべきだ（問題②）。

〈錦華小モデル〉で初めて登場した表現科の5領域の構想（**図17**）は，20世紀前半のドイツにおける「ミューズ教育」の理念にも通じる画期的な意味を持っている。19世紀末のドイツでは，同時代文化の停滞と退廃を克服する「新たな人間」の育成が希求され，「人間形成の核心はまさにミューズ的な教育にある」（Haase, 1951）という主張のもとに，詩歌，舞踊，音楽演奏などに宿る根源的な力に着目し，諸芸術の複合・融合という発想が重視された。「われわれは音楽というものを遊離された芸術とは考えない。むしろ音楽は，昔から他芸術と融合した形をとって，常に民衆生活における祝祭的な面とかかわりをもって成り立ってきたのである」（Götsch, 1953）といった見解を基礎として，ミューズ教育では劇化表現としての素人芝居（Laienspiel）に高い地位が与えられた。素人芝居とは「演技と言葉と音楽と動きが一体となった座標に描かれたミューズ的表現の軌跡である」（Haase, 1951）という。〈錦華小モデル〉表現科5領域構想の背景にこうしたミューズ的教育思想があったかどうかは定かでないが，「指導計画」の中には，第6学年を除くすべての学年において「劇化表現」が設定されている。音，言葉，動き，視覚的刺激（色彩・濃淡・光など）などを総合した表現活動の活性化を目指すこの「パフォーマンス・ミュージック」領域の新設は，錦華小研究の最大の成果であると言わねばならない（成果⑤）。

しかし，これとは裏腹に，表現科5領域についての説明はまったくなされていないため，領域A，Bと領域C，D，Eとの区別に混乱が生じている。〈錦華小モデル〉の表現科「指導計画」を見ると，**表5**に示したように，A領域の指導内容が多すぎる。これは，C，D，E領域をベースとした内容であっても「つくる」という内容であれば全部Aに入れてしまったためであろう。5領域の相互関係は**図17**に示したように，「音楽をベースとした創造」（CA），「図工をベースにした鑑賞」（DB），「動きをベースとした鑑賞」（EB），といった相互関係として解釈すべきであろう。かくして，すべての指導内容を単独の領域と結び付けてしまったため，せっかくの5領域構想は実を結ばなかった（問題③）。

最後に，最大の決定的な欠陥は，表現科の新設に伴う現行教科の指導内容の激減である（**表3**参照）。音楽科を例にとれば，現行音楽科の指導内容（計88項目）と新設・表現科の「ミュージックBasic」領域の活動内容（計64項目）には大きな開きがあり，新設「表現科音楽」では，現行「音楽科」の内容の24項目が削除されているのである。現行音楽科で取り扱われるべき指導事項のうち，〈錦華小モデル〉でまったく取り扱われなかった事項は41事項に及んでいる。これはまさに音楽科教育の空洞化を意味する由々しき大問題である。おそらく図画工作科の内容も同様に大幅に削減されているのではないか（問題④）。

●結び：「表現科」は低学年までとすべし！

以上，文部省研究開発校〈錦華小モデル〉について5つの成果と4つの問題点を検討してきたが，約言すれば，本モデルに対しては「総論賛成，各論反対」ということになろうか。「道徳」の組み替え，

表4 「表現科」のカリキュラム・マトリックス（紀要，80～81頁）

(1) 第2学年　5月　テーマ：キラキラ いきいき 地球の子　中心教材：虫のパレード
　　　　　　　ねらい：環境に 目を向け，それを大切に守ろうとする態度を養う。時数（32）

	表現（12）	国語（4）/算数（3）	環境（3）/生活（1）	人間（1）/特活（6）	体育（2）
指	1. 全校のねらいから2年生のテーマを考える　　　(1)	（国語）スイミー ・大きな魚になって海の中を泳いだり，海の中の生き物の動きの様子を読み取ったりすること　　　　(4)	（環境）町をたんけんしよう ・野外に出かけ，小動物を探したり，観察したりする　　　　(2) ・小動物の動きや生活の面白さ・不思議さに気付く　　　　(1)		
導	2. テーマにあった動きをつくりだし（VTR，絵画の活用），一人ひとりに動きを試す　　(1)				立ち幅跳び ・踏み切って跳んだり，高く跳んだりしながら，いろいろな空中姿勢をとる　　　(1)
過	3. テーマに沿ったストーリーを考え，グループごとに音や動きや小道具を工夫して繰り返し練習する　　　　(6)	（算数）長さ ・表現する海の小動物に合った小道具を作るために長さを測る　(3)		（人間）うんどうかいをがんばろう ・身近にいる友達と仲よく助け合うことの大切さを知る　　(1)	ならびっこ ・縦隊の集合，整頓等，集団としての行動や移動を素早く行う　(1)
程	4. 全校表現として練習し，運動会で総合的に発表する　　(2)		（生活）さわやかなあさのために ・時間に合わせて行動することの大切さを知る　　　(1)	（特活）運動会 ・体育的活動への参加を通して，集団への所属感を高める　　(6)	
	5. 事後の感想等を作文や絵など自由な方法で表す　　　(2)				

表5　指導内容項目数と領域のバランス

領域＼学年	1	2	3	4	5	6	計（%）
A	11	13	13	19	15	12	83（36.1）
B	3	4	4	4	3	4	22（9.5）
C	11	11	11	8	12	11	64（27.8）
D	8	8	10	7	3	6	42（18.3）
E	5	4	2	2	3	3	19（8.3）
計	38	40	40	40	36	36	230（100）

カリキュラム・マトリックスの導入，幼・小の関連，表現科のねらい，表現科5領域の構想など，21世紀に生きる児童の新たな教育の展望として，〈錦華小モデル〉は多くの有益な示唆を含んでいる。しかしながら，こと「表現科」に関しては，基礎的な学力との関係性，目標文の妥当性，

図17 「表現科」5領域の相互関係

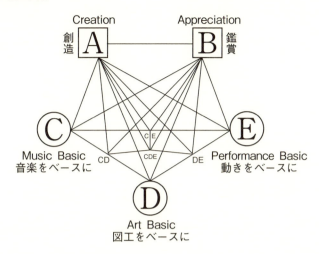

5領域の相互関係，現行教科内容の大幅な削減など，多くの重大な問題をはらんでいる点を見逃してはならない。

　今後の方向としては，第1に，教科名を単に「表現科」とするのではなく，戦前の国民学校「芸能科音楽」にならって，教科の正体を明確に示した「表現科音楽」とすべきである。第2に，もし，どうしても「表現科」を新設しなくてはならないのであれば，あくまで「低学年」に限定すべきである。〈錦華小モデル〉のようにこれを全学年に広げてしまえば，音楽科も図画工作科も小学校教育の中では空洞化し，崩壊してしまうであろう。したがって，第3学年以上は現行通り「音楽科」「図画工作科」としなければならないが，ここで〈錦華小モデル〉の発想，とりわけ，カリキュラム・マトリックスの活用と活動内容の5領域構想を今後の指導に十分生かすようにしなくてはならない。

〈参考文献〉
①東京都千代田区立錦華小学校著（1993）：研究紀要『国際社会を豊かに生きる児童の育成』，同『平成4年度指導計画』平成5年2月刊行
②S.アーベル＝シュトルート著（1985，邦訳2004）山本文茂監修　中嶋敬彦ほか5名監訳　佐野靖ほか24名共訳『音楽教育学大綱』音楽之友社　序章：音楽との教育的取り組み　1.3「ミューズ的なものによる人間回復」（27〜34頁）参照

写真6　楽理科同級生　長広比登志君（左）臼井英男君（中央）と上野公園で

5. 歴史認識や研究から実践へ

　音楽教育の日々の実践に励む先生方にとって，現在の状況がどのような歴史的経緯をたどってきたかを理解することはとても大変なことである。

　筆者の場合，高校教員10年目を迎えたあたりから，創作指導の分野が全体として軽んじられており，ほとんど研究されていないのではないかと考え，中学校や小学校の創作がどのように行われているかを学習指導要領や雑誌でいろいろと調べてみた。そのどれもがお決まりの型にはまった旋律づくりで，音探し，音づくり，ひびきの流れづくりといった，本来の創作活動がまったく行われていないことに驚いた。

　そんな時，幸いにも東京・神田の古本屋でペインター＆アストンの *"SOUND AND SILENCE"* (1970)に出会い，これこそ本来の創作指導だと感激して，高校生に英文資料を直接渡し，翻訳と課題の実施をグループで行うようにした。その結果は驚くべきもので，生徒の課題への取り組みの姿勢，課題の実施内容，作品の新鮮さなど，予想以上の成果がもたらされたのである。

　その後，*"S&S"* の翻訳，第6次学習指導要領への *"S&S"* の一部導入，坪能由紀子先生をはじめとする研究者の数え切れないほどのレクチャーやワークショップを経て，現在の小・中・高等学校の創作指導の体系が確立されたのである。

　このようにして，音楽教育の歴史認識や研究は，驚くほど新鮮な授業設計や実践成果をもたらしてくれる。学習指導要領に追い回されるのではなく，学習指導要領に新たな意味を付与したり，内容の補充・深化を促したりするような実践研究が望まれるのである。

⓰ 東京藝大百周年を考える

　昨秋（昭和62年）10月4日，東京藝大は創立百周年を迎え，一連の記念行事を盛大に行った。音楽取調掛を発展解消させ，音楽学部の前身である東京音楽学校を発足させた明治20年から1世紀が経過したのである。

　遣隋使，遣唐使の時代から，わが国は幾多の外国音楽を摂取・消化し，これを日本の風土に合わせて継承発展させてきた。フランシスコ・ザビエルの来朝と布教の過程で各地に伝えられたキリシタン音楽でさえ，日本人はこれを吸収した。明治維新政府は，国策の一環として明治5年「学制」を頒布し，この中に「唱歌」を明確に位置付けた。軍楽隊の吹奏楽や教会の讃美歌と並んで，学校唱歌はわが国における西洋音楽の受容過程に重要な役割を果たした。それは，唱歌の中に計り知れない美的経験の契機が宿されていたからである。そして，東京音楽学校はその可能性を一貫して追究し，唱歌教育の中核的位置と役割を占めてきたのである。

　その一つに『小学唱歌集』の伴奏譜の作成が挙げられる。これは実際には外国人教師のルードルフ・ディットリヒ（明治21〜27年在職）によるものであったが，その声部書法のみごとさ，ひびきの美しさは筆舌に尽くしがたいものがある。たとえば，初編第13曲《見わたせば》（《むすんでひらいて》の旋律）を弾いてみよう。そこで使われている副三和音の響きのよさや，非和声音の適切さと美しさには，だれもが心を打たれるはずだ。

　それに比べて，今日のいわゆる「簡易伴奏」の貧しさはどうであろう。その大部分は，教材に宿る美的・音楽的価値を台無しにしている，と言ったら言い過ぎであろうか。音楽大学における音楽の専門教育が音楽科教育に対して熱い視線を注いでいる限り，学校音楽は一定の質的水準を保つことができる。藝大百周年を機に，この点をいま一度考え直してみる必要があるのではないか。

　　　　　　　　　　　　　　　　　　　　　　　　　　　　　　　　『季刊音楽教育研究』（No.55）

【手記②】
（抜粋）：高遠町教育長・向山幹男「高遠町伊澤修二先生記念祭を振り返って」

　　　　　　　　　　　　　　　　　　　　　　　　　　　『季刊音楽教育研究』（No.55）49〜54頁

　（略）今回の昭和62年度の式典は，東京藝大百周年，初代校長没後70年に当たり，東京藝術大学で記念の諸行事が開催されることを知り，伊澤先生のふるさと高遠町でも先生の功績をこの機にさらに顕彰し，これを後世に伝え，文化活動「ルネッサンス高遠」を一層町民にアピールするために実施した記念祭である（筆者注：**資料6**として掲げた当日のパンフレットの一部を参照されたい）。前回の50周年事業を想起して藝大に絶大な協力を依頼すべく，前年の11月，町議会の賛同のもと，町長は教育長を伴って藝大音楽学部長服部幸三先生を訪ねた。先生はこころよく協力を確約してくださり，12月12日の教授会の席上，高遠町の記念事業を検討されて，次のような親切な回答を寄せられた。

記

1. 東京音楽学校を設立した初代校長伊澤修二先生の業績を偲んで，来年の百年祭に当たり，全面的に協力する。

2. 記念音楽祭の演奏，講演，資料の展示，および，創立50周年の折に同声会が旧奏楽堂の向かい側に建てた，伊澤修二先生のブロンズ像の複製を作成することについて仲介の労をとる。

3. 伊澤先生作曲の唱歌を音楽教育担当の教官が現地の子どもたちに指導する。

4. 伊澤先生の時代に音楽取調掛が本邦で初演した，ベートーヴェン作曲「交響曲第1番」を柱とするプログラムを学生オーケストラにより演奏する。

5. 藝大に保存してある音楽の資料を軸にした資料展の開催に協力する。

以上

（略）

〔この第3項目の内容に筆者は重大な責任と歴史的・教育的意義を感じ，全力を挙げてこの課題に取り組むこととした〕

　音楽教育担当の山本文茂教授は，大学院生の研修を含めて事前に4回の現地指導があり，高遠小学校5年東組の子どもたちに与えた音感教育，歌唱指導は，校長はじめ関係者に深い感動を与えた。

（略）

　11月1日午前，文化センター町民広場にて挙行された記念祭では，町長（記念事業実行委員会会長）式辞，名誉会長吉村（長野）県知事挨拶，助役より記念事業の経過説明，文化センター前建立の伊澤先生ブロンズ像の除幕，伊澤家代表（伊澤甲子麿氏）謝辞，藝大生による町歌演奏などがはなばなしく行われた。午後は会場を町民体育館に移して，町内外から1,100余人参加のもとで記念講演会，音楽祭が行われた。講演は服部学部長より「伊澤修二先生を偲んで」と題して40分間，日本に音楽教育を確立したほどの修二が，実は音楽がまったく苦手であったことを物語るエピソードを紹介し，「苦手なものを得意なものに変えたのは，悔しさから出発した努力の成果」だったと，集まった小・中学生に励ましの意味を込めて呼びかけ，感動を与えた。

　音楽祭の第1部では，山本文茂教授が高遠小学校5年東組の児童に歌唱指導をして，百年前の唱歌授業の様子が再現・紹介され，満場息を殺す感動を生んだ。ステージの正面には当時の1234（ヒフミヨ）を使って数字譜を添えた唱歌掛図が掲げられ，児童たちが修二の作った《子供子供》（楽譜6）を元気いっぱい合唱して，明治10年代から20年代までにかけての授業風景を再現し，「荷車押し」「鯉の滝登り」の身体表現を交えたコミカルな動作も取り入れて，子どもたちの感性を引き出したり，また，「天にまします修二先生」の声色を使って，「高遠は永遠に不滅じゃ」と一喝，拍手を浴びたりする場面もあった。さらに，《かり》《あおぎみよ》の一節を入れた歌と笛，《紀元節》の器楽合奏をパートナー・ソングとして高遠小の沖村先生が指揮をし，終わりに山本先生が心を込めて作曲したエンディング・マーチ《高遠小学校5年生の歌》（楽譜7）の軽快な合唱とともに子どもたちは退場した。

（略）

　記念行事を振り返って思うことは，まさに町をあげての多彩な記念祭であったことである。偉

大な教育実践家，伊澤修二の功績を再認識して顕彰する高遠町にとっての大きなイヴェントであり，東京藝術大学の全面的な協力のもとに藝大百年祭の一環として，長野県知事をはじめ国会議員，県会議長，大学関係者，伊澤家，来賓名士の多くの参列のもとに，町民多数が参加して大成功を収めた記念祭であった。

（反省）当日，5年西組の子どもたちの様子を見て「なんと愚かな企画をしたことか。西組の子どもたちも一緒に授業をすべきであった」と今も猛反省をしている。

資料6
当日配布されたパンフレットの一部

楽譜6　《子供子供》
伊澤修二編『小学唱歌』第1巻 第10曲

伊澤修二 作詞・作曲

楽譜7　　　　　　　　《高遠小学校5年生の歌》

山本文茂　作詞・作曲

写真7
メリーランド大学附属図書館長
B.D. ウィルソン博士提供による
アメリカ留学当時の伊澤修二

⓰ 音楽教育の研究を考える

　本誌の読者の皆様はすべて，教わる側，教える側の両面から，音楽教育の経験とそれに基づく何らかの見解・主張・行動原理といったものをお持ちのことと思う。一般に音楽を介在として子どもたちの全人的成長・発達を希求する人々は，それぞれ切実な問題を抱え，その解決に全身全霊を込めて立ち向かっていることと思う。したがって，音楽教育の「研究」というものは，すべての音楽教育者がこれまでに経験し，現在も続行し，今後も追究するであろう永劫不変の本質的営為である。この意味で，すべての音楽教師は「研究者」であると言えるだろう。

　しかしながら，そのような個人的経験に根差した研究は，個人の切実な問題解決に直接役立つことが多い反面，ともすれば研究の手順・方法が主観的になりやすく，結果の公表が行われないことが多いようだ。音楽教育における個々の事象や認識を統一的に説明することのできるある程度の高い普遍性を持つ体系的知識を共有すること——このプロセスから，個人的経験は客観的理論化へと変容していくであろう。

　こうしてわれわれは，音楽教育に対する個人的見解，主観的信条，一般的常識を乗り越え，さまざまな方法によって客観的妥当性を主張し得るような理論を構築しなければならない。その営みこそ，まさに「音楽教育研究」であり，その方法論の体系化と研究成果の組織的蓄積こそ，まさに「音楽教育学」である。

　こうした観点からわが国の研究状況を見ると，音楽教育学や音楽科教育学の構造や隣接諸学（音楽学，教育学）との関係がはっきりしていない，研究の蓄積を行うための確かな方法や分野が確定していない，理論と実践の背反ないし妥協が見過ごされている，研究成果の公表の機会が乏しいなどの難題が山積している。これらの問題解決の大前提は，理論的・実践的先行研究を収集しこれを蓄積するための枠組み（分野・領域）を確定し，そこに含まれている方法論的思考のタイプを焦点化することであろう。

『季刊音楽教育研究』（No.49）

【論文②】
「音楽科教育学の成立をめざして——人間教育に果たす音楽科の役割」

第13期（昭和61・62年度）日本学術会議教科教育学研究連絡委員会編集『教科教育学の成立条件——
人間形成に果たす教科の役割』編集代表：東洋／蛯谷米司／佐島群巳 東洋館出版社

　小論は，1980年代後半に日本音楽教育学会会長として日本学術会議教科教育学研究連絡委員会に関与なさっていた木村信之氏の依頼により執筆したもので，1987〈研連〉シンポジウム資料をもとに関連学会の研究動向と研究課題を探り，筆者の14回連載「音楽教育研究の方法と分野」をベースにして，わが国における音楽科教育学の成立条件を明らかにしたものである。

●はじめに

　日本学術会議教科教育学研究連絡委員会（以下〈研連〉と略記）は，昭和62年11月10日，関連諸学会との共催のもとに，「教科教育学の成立条件に関する研究」と題するシンポジウムを行った。ここで展開された提言・討議の結果明らかになった問題は，①各教科教育学と一般教科教育学の関係，②教科の存在理由，③子どもの発達と教科教育学の関係などであった[(1)]。

　小論の目的は，これらの問題を音楽教育学の立場から受け止め，音楽教育研究をめぐる内外の研究動向に示唆を求めながら，音楽科教育学の成立条件（性格，対象，構造，方法，分野・領域）と今後の課題を明らかにすることである。

1. '87〈研連〉シンポジウムを受けて

(1) 各教科教育学と一般教科教育学の関係

　まず，この問題に関する〈研連〉シンポジウムの提言を振り返ってみよう。社会科教育学からの佐島提言は，「各教科教育学の持つ独自性・固有性を明確にしながら，他分野の教科教育との共通性を探ること」が教科教育学の成立条件であるとして，「はじめに各教科教育学ありき」の立場をとった。続いて「メタ教科教育学」の構成を提唱した数学科教育学からの平林提言も，佐島提言と同様，各教科教育学優先の観点に立ったものと考えられる。

　一方，家庭科教育学からの藤枝提言は，ドイツ教科教育学（Didaktik）の知見から，共通教科教育学の体系の中で，各教科固有の教授学的視点を確立することが，各教科教育学の成立条件であるとして，「はじめに一般教科教育学ありき」の立場を明確にした。

　音楽教育学の立場からこれらの提言をとらえるならば，佐島提言と平林提言は，各教科教育学の確立から一般教科教育学の確立へという，いわば帰納法的問題解決を志向している。これに対して藤枝提言は，長い歴史と伝統に支えられたドイツ教授学の理論的フレームをわが国における一般教科教育学の存立根拠とし，その枠組みにしたがって各教科教育学の成立をめざすという，いわば演繹的問題解決の方向をとっているものと考えられる。

　あくまで筆者の個人的見解にすぎないが，音楽教育学の立場からは，佐島・平林提言と藤枝提言とを演繹＝帰納法的に包摂・止揚する方向を探りたいと考える。すなわち，**図18**に示したように，各教科教育学が拠って立つ専門分野（音楽科であれば「音楽実践」と「音楽学」）の論理と，一般教科教育学の拠って立つ専門分野（教育実践と教育学）の対立・矛盾を，各教科教育学の成立過程（音楽科であれば「音楽教育学」の成立から「音楽科教育学」の成立にいたる過程）において取り込み，それらの弁証的発展を目指すという考え方である。

　それとは別に，音楽教育研究の実際問題として，研究対象の限定，研究方法の確立，研究成果を分類・蓄積するための枠組み（分野・領域）の決定など，「学」としての基本的条件が今ようやく構想され始めた現状にかんがみ，「音楽教育学」ないし「音楽科教育学」の成立には，なお相当の年月が必要であると考えられる。このような「学」としての前提条件ともいうべき部分がいまだに固まっていないのは，果たして音楽科だけの実状なのであろうか。

　いずれにせよ，各教科教育学の成立を待っていたのでは，一般教科教育学の成立はあまりにも立ち遅れてしまう。そこで，藤枝提言や蛯谷レクチャーに見られる一般教科教育学構想の展開を

図18 音楽科教育学の構造

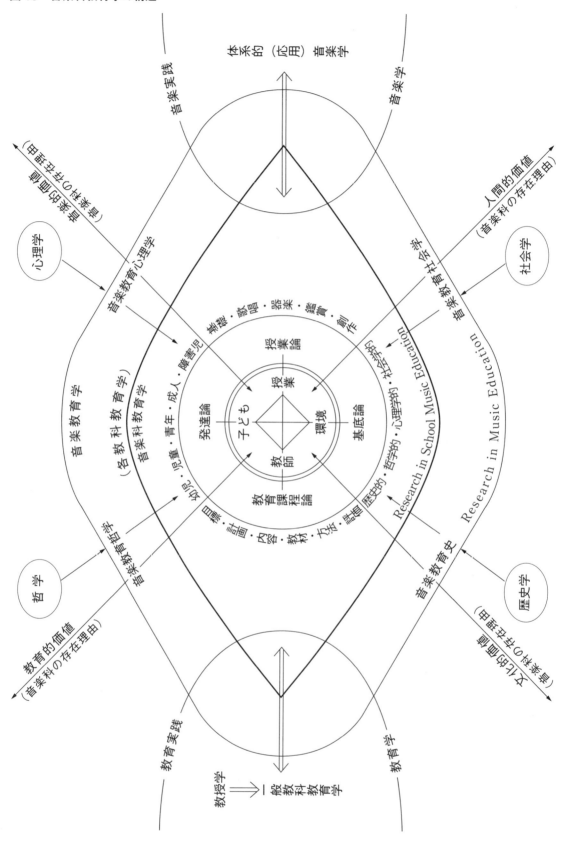

122 | 5. 歴史認識や研究から実践へ

視野に入れながら，同時に音楽科教育独自の研究の性格，対象，構造，方法，分野・領域を確立し，最終的には図18に示したような「音楽学」と「教育学」に支えられた「音楽教育学」と「音楽科教育学」を成立させるという演繹＝帰納法的問題解決の方向が，最も現実的可能性を持つことになると考えるのである。

(2) 教科の存在理由

'87〈研連〉シンポジウムでは，この問題は十分に掘り下げられなかったが，音楽科や図工・美術科とっては，自らの存亡がかかった重大問題である。すなわち，昭和62年12月に出された文部省・教育課程審議会の答申により，中学2年から選択教科の大幅拡大が導入され，音楽・美術の授業時数が実質的に削減されることになった。その1年前，この動きをいち早く察知した日本教育大学協会音楽部門大学部会は，日本音楽教育学会と合同で，同審議会答申の中間まとめが発表された直後に，文部省・教育課程審議会あてに「要望書」（昭和61年11月5日付け）を提出した。その要望書に含まれている音楽科の存在理由の骨子は次の5点であった。

① 感動体験の共有
② 知性と感性の統一
③ 精神の集中と意思の持続
④ 人間感情の純化
⑤ 現実認識の方法

これらの説明については，本書の「結び」(7)を参照願いたい。

(3) 子どもの発達と教科教育学

この問題についても，〈研連〉シンポジウムでは実のある提言や十分な討議は行われなかった。日本音楽教育学会は，本格的な発達研究の前段階として，昭和60年8月，「子どもの発達と音楽教育—教育方法の改善をめぐって」というテーマで2日間にわたるゼミナールを開催した[2]。その成果を約言すれば，①子どもの生活や発達に視点を置いた教育課程研究が必要であること，②科学的に条件の整った横断的研究や長期的な縦断的研究などの，本格的な発達研究が必要であることが確認されたことであろう。

2. 音楽科教育学の成立条件

(1) 性格

「音楽教育学」およびその中核的位置を占める「音楽科教育学」は，理論と実践の相即的・統一的追究という根本的性格と宿命的課題を担っている。それは，音楽教育という営みが常に音楽の教授・学習という極めて実践的な機能を持った場で成立しているからである。すなわち，音楽教育における個々の事実や認識を統一的に説明することのできる，ある程度の高い普遍性を持つ体系的知識を「理論」と呼ぶならば，その理論は当然個々の音楽教育事象において，「実践」を通してその真実性や有効性が検証されねばならないからである。

そうした根本性格を堅持し，音楽教育の担う宿命的課題に応えるためには，音楽教育の理論研

究と実践研究は，まるで対極する磁場のように，おのれの立場を鮮明に自覚しながら，双方の緊張関係のうちに，両者の弁証法的発展（テーゼ，アンチテーゼ，ジンテーゼの流れ）を目指さねばならない。なぜならば，理論は絶えず基底科学の厳密な方法論に根差した客観的根拠に裏打ちされていなければ到底理論とはなりえないし，実践は絶えず教育的価値に向けての学習者の変容という，現実的・具体的課題に的確に応えていかねばならないからである。安易な妥協は，双方をだめにする。

音楽科教育学の成立の大前提となる以上のような根本性格と課題を，音楽科教育学の成立と展開のすべての過程に反映させるためには，研究対象の限定，学的構造の策定，研究方法の確定，研究成果の分野・領域の決定など，音楽科教育学の具体的な成立条件のそれぞれに，理論研究と実践研究との有機的な「連動」ないし相互補完的「共存」の原理を貫くことが何よりも大切である。つまり，理論研究者は「理論—実践—理論」という形で，自らの研究のプロセスに実践研究者を介在させること，また，実践研究者は「実践—理論—実践」という形で，自らの研究のプロセスに理論研究者を介在させることが，音楽科教育学における研究の基本的性格であると考える。

(2) 対象

音楽科教育学の直接的な研究対象は，図18の中央部に示した通り,「教師」「子ども」「授業」「環境」の4者に限定されよう。その根拠は，アーベル＝シュトルートの音楽教育学構想[3]『音楽教育学大綱』とサイドネル論文[4]に求められる。20世紀ドイツの偉大な音楽教育学者，Sigrid Abel-Struth 女史（1924～1987）は，辞世の大著となった同書において，図19のような巨大な音楽教育学体系を樹立した（筆者作成）。その中央部に置かれた直接的研究対象「音楽指導」「音楽学習」「音楽授業」はあきらかに「教師」「子ども」「授業」の3者を意味している。一方，アメリカの音楽教育学者，Robert Sidnellは，「音楽教育研究の次元」という論文の中で，図20に示したような3次元マトリックスを提起した。この図の次元1「中核変数」は，音楽教育研究の対象を意味している。対象は5項目に分かれているが，第3項と第4項を括って整理すれば，「教師」「子ども」「授業」「環境」という4つの対象が成立する。

こうして限定された対象の本質を解明するための観点となるものが，図18に求心直線で示した音楽的価値・教育的価値・文化的価値・人間的価値の4者である。この発想のもとになったものは，家庭科教育学の藤枝提言でも示された高久清吉の構造図式[5]である。すでに述べた通り,「要望書」の5項目の存在理由が上記4価値の各々を検証する下位観点となるわけである。

(3) 構造

図18の中心部を取り囲む外円部分は，音楽教育学の分野と領域を示している。これを拡大図式化したものが図21である。これら4分野18領域は，相互に密接な関連を保ちながら，研究テーマの設定や研究成果の分類の枠組みになる。図18の太い線で囲まれた「音楽科教育学」の部分は，その外側の「音楽教育学」（音楽の専門家教育と学校外のすべての音楽教育を含む）の重要な一部であり，その知見（音楽教育心理学・音楽教育哲学・音楽教育史・音楽教育社会学）を吸収しつつ，中心部分の本質解明に迫ることになる。また音楽教育学は，音楽実践（作曲・演奏・音楽

図19 アーベル゠シュトルート『音楽教育学大綱』の音楽教育学の体系

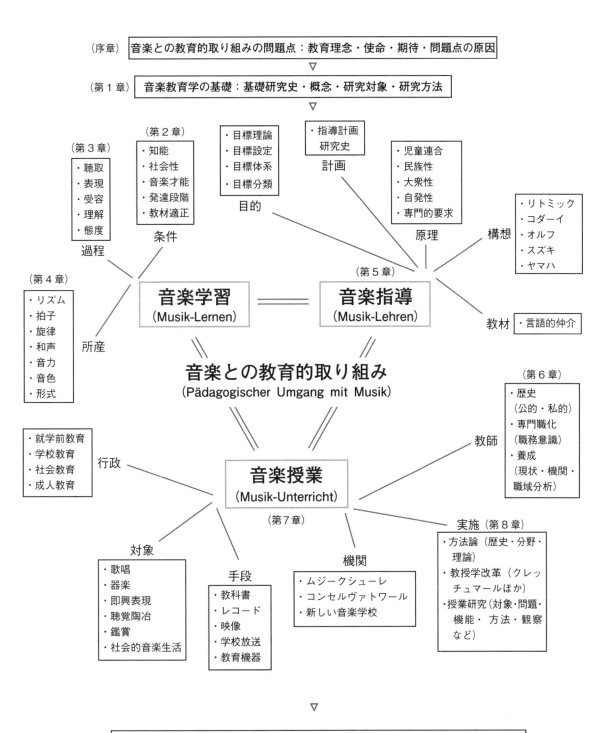

図20　音楽教育研究を分類するためのサイドネルによる3次元マトリックス

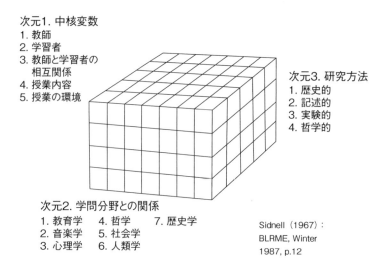

図21　音楽教育研究の分野と領域

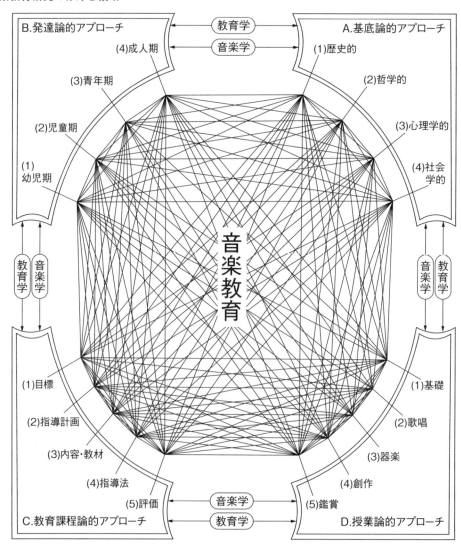

批評）ならびに教育実践（教科指導・生活指導・特活指導など）と深くかかわる中で，音楽学（とりわけ体系的音楽学ないし応用音楽学）ならびに教育学（とりわけ一般教科教育学ないし教授学）の知見に支えられながら，中心部分（対象）の本質解明を実現させていく。この基本構造に基づいてこれまでの音楽教育学ないし音楽科教育学の先行研究を概観すると，次のものが重要である。

・浜野政雄（1967, [②]1973）『音楽教育学概説』音楽之友社——授業論と教育課程論に重点を置いた概説書。

・木村信之（1968）『創造性と音楽教育』音楽之友社——創造性の諸問題を基底論と発達論から解明した。

・供田武嘉津（1975）『音楽教育学』音楽之友社——音楽教育学全体の理論的フレームを提起した。

・日本音楽教育学会編（1979）『音楽教育学の展望』音楽之友社——音楽教育学の体系化を図った。

・日本音楽教育学会編（1991）『音楽教育学の展望Ⅱ』（上・下2巻）音楽之友社——1980年代の研究の総括を行った。

・日本音楽教育学会編（2000）『音楽教育学研究』（第1巻「理論研究」，第2巻「実践研究」，第3巻「課題と展望」）音楽之友社——1990年代のより詳細な研究の総括を行った。

(4) 方法

研究の方法に関しては，音楽教育学も音楽科教育学も共通であると考えられる。この面で，20世紀におけるドイツとアメリカの動向を概観してみよう。

ドイツにおける音楽教育研究の方法論的展開は，大きくアルト（Michael Alt）の「音楽教授学」（Musikdidaktik）とアーベル＝シュトルートの「音楽教育学」（Musikpädagogik）の二つに分けられるという[(6)]。前者は，教授の方法を系統的・理論的に研究するもので，教育学の1領域としての「教授学」（Didaktik＝Unterrichtslehre）を基底とした音楽教育研究である。また後者は，より音楽学的立場から音楽教育学の構築を目指すものであり，教育全般を広く研究する「教育学」（Pädagogik＝Erziehungswissenschaft）を基底とした音楽教育研究であると言えよう。

音楽教授学と音楽教育学の間に研究方法の違いがあるわけではない。アーベル＝シュトルートによれば，ドイツにおける音楽教育学研究の方法論的思考の焦点は「実験的方法」「歴史的方法」「精神史的方法」の3者として形成されてきたという[(7)]。

一方，アメリカでは「音楽教育学」という言い方は一般的ではなく，「音楽教育研究」（Research in Music Education）という用語が広く使われている。アメリカの音楽教育研究の出発点について，『教育研究百科事典』（第5版）「音楽教育」を執筆したボイル＆ラドシーは，次のような大胆な論述を行っている。

　　「アメリカにおける音楽教育研究の基礎は，20世紀前半の約30年間にアイオワ大学で行われたシーショア（Carl Emil Seashore, 1866 – 1949）の音楽心理学研究によって築かれた。音楽心理学研究と音楽教育研究はしばしば同一の目的指向を持っており，両者の間に明確な区分はないが，一般的に言えば，音楽心理学研究が音楽行動と音楽認知についての理解を集中的に引き出そうとするのに対して，音楽教育研究は授業行動や教授学的行動についての探査

を中心にしている[8]。」

アメリカにおける音楽教育の方法論的思考は実に明解である。ほとんどの研究が次の4タイプの方法論にしたがって，その一つ，あるいは二つを組み合わせて進められているからだ[9]。
・過去はどうであったか（What was ?）——歴史的方法（historical）
・現在はどうであるか（What is ?）——記述的方法（descriptive）
・未来はどうなるか（What can be ?）——実験的方法（experimental）
・どうあるべきか（What should be ?）——哲学的方法（philosophic）
　このとても分かりやすい研究の4分類は，はじめコート（1965）の鳥瞰ペーパー「音楽教育における研究」[10] で発想された考え方が，ケイディーのUSOEプロジェクト（1967）で組織的・本格的に継承されたものである。
　ひるがえって，わが国における研究方法としては，1987年〈研連〉シンポジウムにおける蛯谷レクチャーに見られる4タイプ（哲学的・歴史的・比較教育学的・実践的）も考えられるが，研究方法というものは，ある目的にしたがって対象の本質を解明するために必要な，オリジナル・データを入手する手段や研究の手順を指して言うのであれば，実践的研究というタイプは，データの入手方法としてなじまないのではないか。また，比較教育学的方法は，本来記述的方法の下位分類として位置付けられるものである。そこで，日本の音楽教育研究においては，蛯谷の4タイプやドイツの難解な3タイプよりも，きわめて分かりやすいアメリカの4タイプを採用したいと思う。水野の7タイプ[11]や中嶋の4タイプ[12]，とりわけ，「仮説発想的」研究はわが国独自の方法論としてきわめて重要なタイプであるが，これはむしろ筆者の考える「理論と実践の統一」を目指した実践研究の重要な分野として位置付けたいと思う。

表6　1980年までのドイツの博士論文　（　）は％

分類	*	'60年以前	'60〜'70	'71〜'80	計
方法	E	7 (17.9)	13 (40.6)	19 (42.2)	39 (33.6)
	H	20 (51.3)	7 (21.9)	19 (42.2)	46 (393.7)
	R	12 (30.8)	12 (37.5)	7 (15.6)	31 (26.7)
分野	g	17 (43.6)	13 (40.6)	12 (26.7)	42 (36.2)
	e	2 (5.1)	5 (15.6)	6 (13.3)	13 (11.2)
	c	7 (17.9)	2 (6.3)	9 (20.0)	18 (15.5)
	d	6 (15.4)	9 (28.1)	13 (28.9)	28 (24.1)
	p	7 (17.9)	3 (9.4)	5 (11.1)	15 (12.9)
計		39 (33.6)	32 (27.6)	45 (38.8)	116 (100)

＊E＝Empirie　実験的，H＝Historie　歴史的，R＝Reflexion　内省的，g＝grundsätzlich　基底論的，e＝Entwicklungs　発達論的，c＝Curriculum　教育課程的，d＝didaktisch　教授論的，p＝Pädagoge　音楽教育家研究　Ex. Eg＝経験的方法による基底論的研究

山本文茂：『季刊音楽教育研究』（1987）No.50 より

(5) 分野・領域（研究成果の分類法）

　前述の研究対象と研究方法にしたがって生み出された研究成果は，それが理論的なものであれ実践的なものであれ，常に収集・分類・蓄積されていかなくてはならない。問題解決に立ち向かう音楽科教育の実践研究者，理論研究者がまずもってなすべきことは，先行研究のreview（批判的検討）だからである。そうした音楽教育研究の成果を分類するための大きな枠組みとなるものが「分野」であり，各分野の下位分類となる項目が「領域」である。

　音楽教育学研究の成果を代表するものは博士論文である。表6は，1980年までに完成されたドイツの博士論文，計116タイトルの方法と分野を示したものである。方法面では，年代を追うごとに実験的研究が増えていること，60年代に不振であった歴史的研究が70年代になって復活したこと，発達論的・教授論的分野はあまり大きな変化をしていない。年代が進むにつれて5つの分野の比率がだんだんと近付いていることも見逃せない傾向であろう。

　表6の欄外に示した研究の3方法と5分野は，筆者がドイツ博士論文のキーワード分析を通して仮説的に導き出したもので，研究の5分野には次のような詳細な下位領域が含まれている[13]。

・基底論的分野：音楽教育の諸問題を基底科学（歴史学・哲学・美学・心理学・社会学など）の方法論ならびに知識に依拠して原理的・本質的・基本的視座から解明するもの。

・発達論的分野：乳幼児期・児童期・青年期・成人期など，学習主体の発達に固有な音楽学習上の諸問題を生理学的，心理学的（発達心理・社会心理・深層心理など），社会学的方法によって解明するもの。障害児や英才児に関するものもここに含める。

・教育課程論的分野：音楽教育における内容・教材のスコープとシークェンスの構成を中核的問題としつつ，これを目標・計画・指導法・評価・教員養成などと関連付けて解明するもの。

・教授論（授業論）的分野：音楽の教授・学習における方法論上の問題に焦点を当て，学習過程や

表7　1977年から1986年までのアメリカの博士論文

年	a	b	c	H	D	E	P	O	計
1977	83	（11）	72						
1978	86	（20）	66						
1979	112	（16）	93						
1980	94	（18）	76			研究方法			
1981	107	（30）	77	H	D	E	P	O	計
1982	109	（23）	86	7	38	33	2	7	87
1983	100	（18）	82	7	45	21	1	8	82
1984	111	（25）	86	7	33	37	4	6	87
1985	121	（28）	93	12	401	36	2	7	97
1986	122	（17）	105	8	65	22	0	12	107
計	1045	（209）	836	41	221	149	9	40	460
			%	8.6	48.0	32.4	2.0	9.0	100.0

a：DAIの掲載数　b：クリーニングによる棄却数　c：実数
H. 歴史的　D. 記述的　E. 実験的　P. 哲学的　O. その他

山本文茂：『季刊音楽教育研究』（1989）No.59より

学習形態など，教授（授業）の一般的・原理的問題から個々の学習領域（歌唱・器楽・音楽づくり・鑑賞など）に固有な具体的問題にいたるまで，幅広く指導法上の問題解決を目指すもの。
・音楽教育家研究：特定の音楽教育家の生涯・思想・活動・業績などを明らかにし，音楽教育に対するその影響の範囲や程度を確定して，歴史的位置付けを行うもの。音楽教師集団の問題もここに含める。

　以上の5分野のうち，音楽教育家研究を除く4分野は，ドイツの博士論文だけでなくアメリカの博士論文を分類するのにも極めて有効な区分法であることが判明した。**表7**は，1977年から1986年までのアメリカにおける音楽教育関係の博士論文の数と方法を示したものである[14]。それ以前の分も含めた総計3,180タイトルのアメリカの膨大な先行学位研究は，音楽科教育学成立への道を急ぐわれわれにとって，貴重な資料となることであろう。

　以上のドイツ，アメリカの動向を踏まえながら，わが国の教育制度や音楽科教育の実状を踏まえて，理論と実践の両面にわたる音楽科教育学の研究成果を分類するための枠組みを提示したものが前掲の**図21**である[15]。4分野，18領域からなるこの網目細工風な図は，理論と実践の両面にわたって，音楽教育の営みを鳥瞰する役割を果たしている。日本音楽教育学会教育課程研究推進委員会が行ったプロジェクト研究「音楽科教育課程研究の現状と課題」では，この**図21**の分野・領域が「事例研究」と「文献研究」の分類コードとして使われ，収集された事例資料（750）と文献資料（和文，延べ3,988）がこれによって分類・整理されたのである[16]。この地味な青い報告書こそ，音楽科教育が他教科に対して胸を張って誇り高く提示し得る音楽教育学研究の成果である。

●結び：今後の課題

　現在わが国の音楽科教育が抱えている問題は次の5点に集約される[17]。

①実践的研究が大部分で，それらの多くは学術的アプローチに欠けている。
②タキソノミー研究（ブルームの提唱した教育目標分類学を根拠に，音楽科の新たな評価の可能性を追究する研究）が不足している。
③主題による題材構成が十全な機能を果たしていない。
④現状の音楽科教育課程は，環境の変化や子どもの実態に対応できていない。
⑤教師主導の伝達型授業が主流で，触発型，追究型など，子ども主体の授業が少ない。

　①②は学術的問題，③④は行政的問題，⑤は実践的問題である。これらの問題解決に向けて，小論の構想をたたき台にして，理論と実践の両面で地道な研究を重ねること，これこそ音楽科教育学の成立への道だと信じて疑わない。

注
(1) 日本学術会議教科教育学研究連絡委員会編『シンポジウム：教科教育学の成立条件に関する研究』（概要の記録）日本教科教育学会誌　特別資料　要約記録：井口尚之（s.63.3.31）。〈研連〉シンポジウム関係の記述はす

べて本資料による。
(2) 日本音楽教育学会ゼミナール実行委員会編（1985）『第2回音楽教育東京ゼミナールのまとめ（子どもの発達と音楽教育）』、『音楽教育学』別冊
(3) Abel-Struth, Sigrid : *Grundriß der Musik-pädagogik*. Mainz, 1985。その概要については拙稿（1988）「音楽教育研究の方法と分野（Ⅳ）」『季刊音楽教育研究』No.54を参照されたい。
(4) Sidnell, Robert : "The Dimensions of Research in Music Education," Bulletin of Council for research in Music Education, 90, 3-14 : Winter 1987。その概要については拙稿（1988）「音楽教育研究の方法と分野（Ⅵ）」前掲誌No.56を参照されたい。
(5) 高久清吉著（1968）『教授学——教科教育学の構造』共同出版 163頁
(6) 廣瀬鐵雄著（1982）『ドイツの音楽教育』音楽之友社 169～181頁
(7) この概要については拙稿（1986）「音楽教育研究の方法と分野（Ⅰ）」前掲誌No.49を参照されたい。
(8) Boyle, J. David, and Radocy, Rudolf E., Music Education. In H.E. Mitzel(Ed), *Encyclopedia of Educational Research* (5th ed.). New York : Macmillan, 1982. p.1287
(9) Cady, Henry L. : A Conference on Research in Music Education. USOE Project No.6-1388, Colombus, Ohio : The Ohio State Univ., 1967
(10) Choate, Robert A. "Research in Music Education" *J Res Music Ed*. 13 : (2), 67-86 ; Summer 1965.
(11) 水野久一郎「音楽教育学の研究方法」日本音楽教育学会編（1979）『音楽教育学の展望』音楽之友社 26～37頁
(12) 中嶋恒雄・斎藤博共著（1980）『音楽教育研究のまとめ方』建帛社 第5章「音楽教育の研究の過程」60～75頁
(13) 注（4）の拙稿参照
(14) 拙稿（1989）「音楽教育研究の方法と分野（Ⅷ）前掲誌No.59
(15) 前掲注（2）の拙稿（1987）「音楽教育の目的」11頁
(16) 日本音楽教育学会教育課程研究推進委員会編（1988）『音楽科教育課程研究の現状と課題』
(17) 注（17）の資料、6頁参照

（文献紹介）③

『教科教育学の成立条件』
日本学術会議教科教育学研究
連絡委員会編（1990）
編集代表 東 洋 ほか2名
編集委員 島田真知治ほか4名
A5判 200頁

『音楽教育学大綱』
平成15年度科学研究費補助金
（研究成果公開促進費）
中嶋敬彦ほか9名監訳
佐野靖ほか38名訳（2004）
B5判 788頁

⓱ 音楽科の存在理由は何か

　本誌前号（No.52）特集2の「教育課程の改善——〈中間まとめ〉を考える」に対する各方面からの反応は，学校音楽の現実的地位への危機感を鮮明に浮き彫りにしたばかりか，学校音楽の存在理由そのものについての認識や自覚がきわめて多様であることを立証した。そもそも日本のすべての子どもに音楽を学ばせる根本理由はいったい何なのであろうか。

　音楽には，抽象性・時間制・運動性・感覚性・感情性・論理性といった本質的特質がある。そして，これらの特質は，直観・自発性・興味関心・個性化・社会化・経験といった学習の原理と実によくフィットしている点を見逃してはならないだろう。

　一方，音楽に内包されている本質的価値の中には，感動体験の共有，知性と感性の融合といった教育的価値，また，精神の集中や強固な意思の持続といった訓育的機能，さらには，人間感情の純化，現実認識の方法といった高次の教育作用が機能していることも重要な点であろう。

　このような音楽教育の本質的内包のほか，現代社会に生きる人間の問題状況への対応，現代教育に寄せられた社会的要請への対処，学校内部における児童生徒の旺盛な音楽行動の事実と学習所産の価値，学校音楽に対する教職員，父母，地域社会の理解と支援といった外延的要因も見逃すことはできない。

　そうした音楽教育の内包と外延を切り結ぶ音楽活動としては，全校音楽集会，音楽コンクールへの参加，地域の音楽大会での発表などがあるが，最も大規模な音楽大会としては，全日本音楽教育研究会の全国大会が挙げられる。児童・生徒・学生の大集団が大学オーケストラの伴奏でつづる壮大な合唱は，これに参加する全国の音楽教師，地域住民，音楽教育関係者の胸を突き動かし，ここに音楽科の存在理由が顕現される。

　学校における音楽科の存立根拠や存在理由について，音楽教育学の広範な知見（基底論・発達論・教育課程論・授業論）を総動員して，その基礎理論を整理してほしいと思う。

『季刊音楽教育研究』（No.53）

【報告】
「平成21年度 全日本音楽教育研究会 全国大会 東京大会の成果に学ぶ」

★ねらい

　音楽教育の存在理由は，突き詰めれば，子どもたちが教師の温かい支援の下に，豊かな人間的・音楽的成長を成しとげることにある。「人間」と「音楽」と「教育」のかかわりは，マルコム・テイトの言うように，根源において人間の「思考」「感受」「共有」の営みと相互に深く連関している〔本書18頁の図3「人間と音楽と教育のかかわり」を参照されたい〕。音楽教育の実際の場面では，これら6者はどのように機能し，どのような成果をもたらすのであろうか。その生きた具体例として，ここでは平成21年11月に行われた全日本音楽教育研究会全国大会発足40周年記念

大会（東京総合大会）の準備・経緯・成果などを考察することにしよう。

★大会テーマの設定

「音楽の喜びを分かち合い 求め続ける心を育てよう」——これは，第8次小・中学校学習指導要領が改訂・告示された翌年の平成21年度，全日本音楽教育研究会（以下〈全日音研〉と略称）全国大会（発足40周年記念大会）東京大会で掲げられた大会総合テーマである。

全日音研「全国（総合）大会」というのは，大会1日目は小学校部会・中学校部会・高等学校部会・大学部会のそれぞれの大会を行い，2日目は4部会を総合した形で研究・協議・演奏などが行われる大会を言う。昭和44（1969）年の秋，それまで「全日本音楽教育連合会」のもとに，小・中・高等学校の全国組織がそれぞれ機会をとらえて連絡を取り合い，活動を進めてきたが，その連携を一層強め，新たに小・中・高・大が一体となって音楽教育の諸問題を研究・協議するために，武蔵野音楽大学学長の福井直弘氏を会長として「全日本音楽教育研究会」が設立された。それ以後，西暦奇数年度ごとに北海道をはじめとする8地区において総合大会が開かれ，設立40周年を迎えた平成21（2009）年度東京総合大会において，筆者は大会実行委員長という重責を担うことになった。

当時筆者は，同大会実行委員会において，前述のように，「人間」と「音楽」と「教育」を根源において結び付けているものは，「感受」と「思考」と「共有」であり，本大会においてこれら6者の相互連携を追究することによって，新学習指導要領の改訂点のすべてが意味深く機能し，それらが全体として生きて働くようになるのだ，という趣旨の主張を繰り返し話してきた。とりわけ，これからの時代と社会においては，「競争原理」に基づくのではなく，「共有原理」を根底に据えた音楽教育の理論と実践が，ことのほか重要であるとの課題意識も実行委員会に少しずつ浸透していった。「人間」にも「音楽」にも「教育」にも欠くことのできない行動の原理・過程・分野として，「感受」と「共有」と「思考」の3者は，そのいずれが欠落しても「人間」「音楽」「教育」はどれも成立しない，という構造的連鎖・連携の存在を示している。

以上の「思考・感受・共有」理念の研究と並行して，筆者は東京藝大の定年退職を記念して，「日本の音楽教育学の再構築に関する基礎的研究」と題する共同研究を立ち上げ，文部科学省科学研究費の助成を受けて，音楽教育の「総合化」「本質化」「共有化」「継続化」を目指す3年間の長期研究を展開していた。そして，大会テーマの焦点をその中の「共有化」と「継続化」の二つに絞り込みたいと考えた。

そんな経緯もあって，大会総合テーマは学習の「共有化」と「継続化」の二つの指針を目指すものとして，「学習の共有化と継続化を目指す新たな音楽科教育の創造」くらいに考え，この案を親しい小・中・高の実行委員の先生方に話してみたところ，「そんな学会のようなテーマではだれ一人参加してくれませんでしょうね」と軽く微笑まれてしまった。まさにその通りで，小・中・高等学校の現場の先生方は，高いお金を払って全国から東京に駆けつけてくるので，その皆さんの心に触れるテーマでなくてはならない。こうしてたどり着いたテーマが，「音楽の喜びを分かち合い 求め続ける心を育てよう」という，親しみやすく意味深いキャッチコピーとなった。

★【部会大会】（表8参照）

　大会第1日には小・中・高・大それぞれの部会大会が行われた。平成20年3月，文部科学省は中教審答申を踏まえて「新・教育基本法」や「新・学校教育法」等の規定にのっとり，第8次「小・中学校学習指導要領」を，また，平成21年3月には同「高等学校学習指導要領」をそれぞれ改訂・告示した。その基本方針は以下の3点となっている。

　①教育基本法等の改正で明確となった教育の理念を踏まえ，「生きる力」を育成すること。

　②知識・技能の習得と思考力・判断力・表現力等の育成のバランスを重視すること。

　③道徳教育や体育などの充実により，豊かな心や健やかな体を育成すること。

　この基本方針のもとに，小・中・高等学校教育の目標・内容等が改訂されたが，「音楽科」（小・中学校）及び「芸術科音楽」（高等学校）の主要改訂点は，以下の8項目にまとめられる。

　(1) 中学校の「選択教科・音楽」を実質的に削除した。

　(2) 中・高等学校の教科目標に「音楽文化についての理解」を導入した。

　(3) 小・中学校ともに「A表現」の内容を歌唱・器楽・音楽づくり／創作の領域ごとに示した。

　(4) 小学校鑑賞教材として，中学年から「和楽器の音楽」を含むようにした。

　(5) 小学校の学年目標に関して，これまでの「低学年＝リズム」「中学年＝旋律」「高学年＝音の重なりや和声」という活動の重点を撤廃した。

　(6) 小・中学校ともに〔共通事項〕を新設した。

　(7) 小・中学校ともに創作領域の内容系列を大幅に改めた。

　(8) 高等学校の鑑賞教材の選択に関して，「音楽Ⅰ」で箏曲・三味線音楽（歌い物）・尺八音楽を，「音楽Ⅱ」で三味線音楽（語り物）・能楽・琵琶楽を，という従来の内容指定を取り払った。

　本大会は，新学習指導要領におけるこれらの改訂点を小・中・高・大のそれぞれの部会でどうとらえ，具体的な授業実践の中にどう生かしていくかについて，全国に先駆け，新たな発想を発信するという重要な機会にもなった。大会誌[1]に盛り込まれた各部会の情報や当日の映像記録[2]等を総合的に検討して，本部会大会全体の成果と課題を整理すれば，以下の諸点が指摘できるだろう。

［全体的な成果］

・堅固な理論的根拠（学習の継続化・共有化）のもとに大会総合テーマが設定された。

・大会の運営組織がよく吟味されており，「財務」「事務」「研究」の各部門の業務が円滑に流れるような仕組みが作られている。

・本東京大会で展開された計23本の公開授業のうち，「鑑賞」と銘打った授業は4本だけだったが，そこで取り扱われた〔共通事項〕や「批評文」の内容は，明らかに「音楽享受のための過程・手段」として位置付けられており，目的視されていなかったのはさすがであった。

・全体会における研究報告と研究演奏「わが国の音楽に基づく即興表現と和太鼓による《東京の四季》」の内容が極めてハイレベルの内容であり，小・中・高・大の緊密な連携のもとに，第8次学習指導要領・音楽の創作活動の理想的形態が示された。

134 ｜ 5. 歴史認識や研究から実践へ

表8 平成21年度 全日本音楽教育研究会 全国大会
【部会大会】（大会第1日）平成21（2009）年11月5日（木）

小学校部会	テーマ「つながる 深まる 音楽する喜び」		
		A会場	B会場
	午前	［会場校：音楽集会］練馬区立光が丘第六小 ［研究授業］新宿区・板橋区・荒川区・豊島区・瑞穂町の児童による研究授業5本	［会場校：音楽集会］大田区立六郷小 ［研究授業］大田区・江東区・渋谷区・墨田区・台東区の児童による研究授業6本
	午後	［会場］練馬文化センター ［研究演奏］日野市・杉並区・武蔵野市・昭島市の児童による箏合奏・合唱・管楽合奏・吹奏楽合唱	［会場］大田区民ホール ［研究演奏］小金井市・江東区・世田谷区・品川区・大田区の児童による邦楽合唱奏・合唱奏・器楽合奏・吹奏楽・ミュージカル
中学校部会	テーマ「豊かな響きと心のつながりを求めて」		
	［会場］府中の森芸術劇場		
	午前	［公開授業］歌唱（調布市／府中市）・器楽（立川市／福生市）・創作（町田市／稲城市）・鑑賞（足立区／板橋区）の計8本について研究協議が行われた。	
	午後	［研究演奏］都内9校の生徒による「シルクロードをたどって～そして日本」（トルコのメヘテルハーネ，インドのタブラ，バリのガムラン，沖縄の三線，中国の古楽器，韓国のカヤグム，日本の雅楽，長唄・三味線を用いた演奏）	
高等学校部会	テーマ「高校での音楽教育に求められるもの」		
	［会場］文京シビックホール／お茶の水女子大学附属高校		
	午前	［公開授業］都立昭和（ア・カペラ合唱），都立青山（即興表現導入のポピュラー合唱），お茶大附属（沖縄民謡）	
	午後	［研究発表］「中高一貫校の音楽教育」（都立立川中等教育），「創作授業の現状」（都立冨士森），「和楽器導入」（都立白鷗／都立新宿） ［ワークショップ］松下耕・亀渕友香・伊藤多喜男の各氏による3本	
大学部会	テーマ「音楽と人間と教育を結ぶもの」		
	［会場］武蔵野音楽大学モーツァルト・ホール		
	午前	［研究発表］「オルフアプローチ」（本郷学園高校），「音楽専門課程に対する学生の適性」（東海大3名），「日本伝統音楽の鑑賞指導」（美作大短大／日本福祉大／秀明大），「子どもの創造性育成」（武蔵野音大大学院博士課程），「音楽科教育実習生の思考過程の質的研究」（武蔵野音大），「口頭伝承によって培われる模倣・即興能力」（東京藝大）	
	午後	［シンポジウム］「大学における教員養成の取り組み」＝司会：秋田賀文，講師：秋元みさ子（小学校），工藤豊太（中学校），長沢功一（高校），山本文茂（大学） ［歓迎演奏会］クルト・グントナー指揮，武蔵野音楽大学カンマーオーケストラ（グリーグ作曲：組曲《ホルベアの時代より》ほか）	

[各部会の成果]
・各部会の研究構想がしっかりしており，研究の内容と方法が鮮明に提起されている。とりわけ，小学校部会の石上則子研究部長の構想（大会誌，12～14頁）と中学校部会の和田崇研究部長の構想（同，74～81頁）は，本大会における実践研究の内容と方法を鮮明に示唆している。
・新設された〔共通事項〕の取り扱いは，小・中学校ともかなり工夫されており，「音楽理解の方法」として活用されていたのはよかった。
・中・高等学校で新設された「音楽文化の理解」も，難解な理論的アプローチに走ることなく，生きた演奏活動や鑑賞活動との連携がバランスよく行われた。
・創作活動の領域は，とりわけ小学校部会の「音楽づくり」において，音素材の拡大と質的向上，歌唱・器楽活動との連携，質の高い題材選択など，飛躍的な発展と充実を示しているように思われる。
・大会誌162～163頁の「題材配列一覧表」は，小・中・高等学校の学習内容の関連と系統を初めて示した貴重な資料であり，同164～165頁の「学習内容系統表」は小・中の接合部分における学習内容の連携という課題に応えた力作である（いずれも石上則子氏の作成）。

★【全体会】

　大会第2日には小・中・高・大の各部会がそろった形で，「研究演奏」と「記念演奏」が行われた。本大会全体会の最大の特徴は，創作指導における小・中・高・大の連続・連携をねらいとした「我が国の音楽に基づく即興表現と和太鼓による《東京の四季》」を「研究演奏」として凝縮した点にあり，従来の全国大会では行われたことのない内容である（資料7参照）。

　これは演奏時間40分に及ぶ大規模な即興演奏で，和太鼓の伴奏による民謡風な祭り歌のテーマ《花の東京の四季めぐり》（和田崇・作詞作曲）を，出演者全員が踊りながら歌うという形が「リトルネッロ」風に繰り返される中で，「東京の四季」のイメージが冬（中学生）・春（小学生）・夏（高校生）・秋（中学生）の順で組み込まれたもので，フィナーレとして会場の全員によってテーマソング《花の東京の四季めぐり》が歌われるという構成になっている。

　江戸川区立西葛西中学校生徒10名による「冬」のイメージは，箏2面，太棹三味線1本，締太鼓1台，胴長太鼓1台を使って，しんしんと降り積もる雪の様子や，寒そうな北風の乾いた音などが静かに表現された（今井由喜先生指導）。

　北区立堀船小学校児童20名による「春」のイメージは，8面の箏による生田流箏曲の一部を静かに演奏しながら，穏やかな春の陽射しの温かさを篠笛5本，尺八3本，締太鼓1台，胴長太鼓1台で表現したり，小鳥たちの鳴き声を鶯笛や篠笛で模したりして，柔らかにゆったりと時が流れていった（叶こみち先生指導）。

　都立大泉高校生徒13名による「夏」のイメージは，締太鼓5台，桶胴太鼓2台，篠笛4本，当り鉦2台を用いて「神田囃」を中心にした夏祭りの華やかな雰囲気を見事に表現していた。優しくこすり合わせた柔らかな南部鉄器風鈴の音や，ペットボトルによる夕立の雨音など，伝統的な厳しい演奏技術と現代的な柔らかい感性とが程よくミックスされた好演奏となっている（伊藤喜代子先生指導）。

江戸川区立西葛西中学校の生徒15名による「秋」のイメージは，胴長太鼓5台を使って「葛西囃」をぶち合わせ太鼓の形でエネルギッシュに表現するという，華やかでダイナミックなステージとして展開された。中学生諸君の長期にわたる厳しい演奏技術の蓄積と演奏仲間の熱い連帯感情がじかに伝わってくる感動的なパフォーマンスが，聴衆の先生方の胸に揺さぶりをかけた（今井由喜先生指導）。

　演奏全体を通して，武蔵野音大の学生3名による締太鼓が歯切れのよい正確なリズムの支援をし，児童・生徒の演奏を引き締める役割を果たしてくれた。この3名が，高校生の「神田囃」と中学生の「葛西囃」の間で披露した，3台の締太鼓による極めて高度なリズム・アンサンブルも，胸のすく小気味よいものであった。和太鼓の指導に当たってくれた，民族歌舞団「荒馬座」の皆さんにも感謝しなくてはならない。

　全体会のもう一つのイヴェントは「記念演奏」で，今回のタイトルは「〈唱歌〉春・夏・秋・冬」として，宮川彬良氏のオーケストラ編曲による「唱歌」11曲が，北原幸男（武蔵野音楽大学教授）指揮，同大学管弦楽団の伴奏で，下記児童・生徒の出演（いずれも約70名）のもとに上演された。
　・練馬区立光和小学校合唱団（澤雅枝先生指導）
　・北区立十条富士見中学校選択音楽合唱団（山田康子先生指導）
　・都立府中西高等学校合唱団（櫛田豊先生指導）

曲目と分担は以下の通りであった。
　　春　1　「どこかで春が」（小・中・高）　　　秋　6　「赤とんぼ」（小・中・高）
　　　　2　「花」（中）　　　　　　　　　　　　　　7　「村祭り」（中）
　　　　3　「鯉のぼり」（小）　　　　　　　　冬　8　「冬景色」（高）
　　夏　4　「夏は来ぬ」（高）　　　　　　　　　　9　「スキー」（小）
　　　　5　「海」（小）　　　　　　　　　　　　　10　「早春賦」（中）
　　　　　　　　　　　　　　　　　　　　　　終曲　「ふるさと」（小・中・高）

　本大会閉会式の結びとして，筆者（実行委員長）の指揮で再び《ふるさと》の全員合唱がオーケストラ伴奏で行われて，大会第2日の全体会は終了した。（**写真8**「フィナーレ・ステージ写真」参照）

　ここで本東京総合大会の計画・実施において，縁の下の力を発揮してくれた特筆すべき人物を3名紹介しておかねばならない。一人は，小学校部会の研究部長として，大会総合主題を受けた部会大会主題の設定，明解な部会研究構想図の作成の中心的な役割を果たされただけでなく，大会誌162〜164頁掲載の「小1〜高2　音楽科年間指導計画　題材配列一覧表」および「学習指導要領に基づいた〈小5・6〉から〈中1〉までの学習内容系統表」を作成された，石上則子先生（板橋区立徳丸小学校）である。

　もう一人は，中学校部会の教育課程研究部長として，部会大会の主題設定はもとより，研究構想図の作成から研究の取り組みと内容，学習領域各分野の題材の関連にいたるまで，部会研究の全体を理論と実践の両面で支え導かれただけでなく，全体会研究演奏における縁の下の力持ちと

137

資料7　研究演奏の概要

研究演奏
我が国の音楽に基づく即興表現と和太鼓による
「東京の四季」

口上（木遣）
テーマ「花の東京の四季めぐり」
冬……………江戸川区立西葛西中学校
テーマ「花の東京の四季めぐり」
春………………北区立堀船小学校
テーマ「花の東京の四季めぐり」
夏………………都立大泉高等学校
秋の訪れ
祭りへの序章……………武蔵野音楽大学
秋祭り
フィナーレ「花の東京の四季めぐり」

企画構成	東京大会研究部
和太鼓参加校	北区立堀船小学校
	江戸川区立西葛西中学校
	都立日本橋高等学校
	都立大泉高等学校
	武蔵野音楽大学
和太鼓指導	民族歌舞団「荒馬座」

して，「我が国の音楽に基づく即興表現と和太鼓による《東京の四季》」の上演に向けて，テーマソングの作詞・作曲をはじめ献身的な努力をされた和田崇先生（江戸川区立瑞江第二中学校）である。

　そして残る一人は，実行委員会研究部長の瀬戸宏先生（都立井草高校）である。先生は平成17年度から始まった月1回の実行委員会にすべて出席してくれたばかりか，19年度からは随時研究部会を開催して，小・中・高等学校の「研究演奏」の準備にすべて立ち会ってくれた。また，「記念演奏」のためのスコア／パート譜の借用（うんざりするほど面倒な借用手順だったが，信じられないほどの安価で済んだ）と膨大な枚数に及ぶそれらのコピーを，すべてお一人で成し遂げてくれた。そして，全体会では「研究演奏」に先立って，その目的・内容・経過等について要領よく20分ほどの貴重なスピーチをしてくださった。「記念演奏」はともかくとして，全日音研全国（総合）大会で，これほど充実した「研究演奏」を実施したのは本東京大会が初めてであり，まさに画期的な研究発表・研究演奏であったと言えるだろう。その原動力となってくださったのが瀬戸先生である。

　このほかにも，目に見えないところで子どもたちとともに貴重な授業研究に取り組んでくださった，たくさんの先生方のことを忘れてはならない。これらすべての先生方に心から敬意と感謝を表したい。

★【総括】

　以上，平成21年度全日音研東京総合大会について反芻（はんすう）してきたが，それはまさに音楽と人間と教育のかかわりを検証する絶好の機会となった。前掲図3〔本書第1章(2)〕で示した通り，音楽・人間・教育に共通する根本性格と価値は，マルコム・テイト教授の言うように，感受・思考・共有という人間の尊い営みであり，この6者の相互連携と緊密な連動関係の中でこそ，子どもたちは人間として大きく成長していくのである。

　全日音研総合大会におけるさまざまな人との出会いや共同作業を通して，また，大会誌や映像記録の検討を通して，筆者は音楽の持つ高い人間的価値と教育的価値を今さらのように確信することができた。音楽は人間教育にとって，また学校教育にとって，感受・思考・共有という高い価値を持つが故に，欠くことのできないものであることが立証されたと確信している。それにしても，このようなすばらしい音楽を通した人間の交流の場を，機会あるごとに削減しようとする一部教科とその関連団体に対して，われわれは断固としてその流れを食い止め，「音楽はなぜ学校に必要か」を高らかに主張しなければならない。次の「結び」ではこの点を整理することにしよう。

注
(1) 全日本音楽教育研究会東京大会実行委員会発行（平成21年11月5日）『平成21年度 全日本音楽教育研究会 全国大会 東京大会要綱』
(2) 『平成21年度 全日本音楽教育研究会 全国大会 東京大会【小学校部会】［音楽集会］［公開研究授業］［研究演奏］［記念演奏］Disc・【全体会】［研究演奏］［記念演奏］Disc. 制作 WHAT's UP!

写真8　大会閉会式フィナーレの全員合唱《ふるさと》（筆者指揮）　若林英鋭氏撮影

140 ｜ 5. 歴史認識や研究から実践へ

結び 音楽はなぜ学校に必要か

　これまで「新たな発想を生み出す」「教材の本質を授業に生かす」「指導の方法を考える」「喫緊課題にどう応えるか」「歴史認識や研究から実践へ」という5つの視点から，音楽教育を支える理論について述べてきた。それらすべての論述の根底にある筆者の課題意識は，「音楽はなぜ学校に必要か」という根本問題であった。

　この問いに対する答えは，立場によって千変万化の内容になるものと思われる。児童の多くは「みんなと歌うのが楽しいから」と答えるだろう。中学生や高校生の多くは「感動体験を共有する場であるから」と答えるだろうが，中には「音楽は個人で楽しめばよいもので，学校で無理やり学ぶ必要はない」と答える生徒も少なくないだろう。

　小学校の保護者達は，「中学年以上になると，音楽の得意な子とそうでない子の差が目立ってくるので，個人差に応じたきめ細かい指導が必要になるだろう」といった要望が多いと思われる。中学生以上の保護者は，「進路に応じた学習をしっかりさせたいので，音楽の履修は中学校でも選択制にした方がよい」と考えるかもしれない。

　学校管理者は「評価・評定で問題が起きないように，万全の準備をして授業を展開してもらいたい」と要望するだろうし，他教科教員（とりわけ理数系教科の教員）は，「高校での芸術履修は完全に選択制になっているので，中学校でも音楽・美術は選択制にすべきだ」と主張するであろう。

　以下に，この難問「音楽はなぜ学校に必要か」の答えを筆者なりに整理して，この本の結びとしたい。

音楽はなぜ学校に必要か

(1) ごく一般的・常識的観点から

戦前の国民学校芸能科音楽，戦後の小学校音楽科の授業で音楽の経験をした人々は，おそらく次のような素朴な印象を持っていることであろう。

① 歌を歌うことによって，みんな（学級や学年）の気持ちを一つにすることができるから。
② 自然の美しさや季節の移り変わりを，みんなで楽しく確かめ合うことができるから。
③ 歌唱共通教材をおじいちゃん，おばあちゃん，お父さん，お母さん，兄弟，友達と楽しく歌うことができるから。
④ 儀式的な行事や文化的な行事で，歌や音楽は参加者の心を一つにすることができるから。

(2) 教科活動としての音楽の必要性

音楽科でなければ決して育てることができない教育内容が，小・中・高等学校の学校教育全体を通じて，以下の5点として体系的に設定されているからである。

① 子どもたちに豊かな情操（「持続的価値感情」と「音楽の価値観形成」）を育てることができる。
② 子どもたちに音楽の基礎的な能力を身に付けさせることができる。
③ 子どもたちに「音楽に対する鋭い感性（感受力・直観力・判断力）」を呼び覚ますことができる。
④ 子どもたちに生涯にわたって「音楽を愛好する心情」を育むことができる。
⑤ 子どもたちが歌唱・器楽・創作・鑑賞などの幅広い活動を通して，音楽の楽しさ・よさ・喜びを体験し，学校生活や家庭生活を明るく潤いのあるものにする態度と習慣を育てることができる。

(3) 音楽と他教科等との関連から

ここでは，特に中学校に焦点を絞って，学習指導要領における音楽活動の広がりの可能性と，他教科等との結び付きをとらえてみることにしよう。音楽は他教科等の内容とどのように結び付いているのだろうか。

- ・国語　　　「話す速度や音量，言葉の調子や間のとり方，相手にわかりやすい語句の選択，相手や場に応じた言葉遣いなどについての知識を生かして話すこと」（2内容A (1) ウ）⇒「モノドラマ合唱」における「語り」の基礎技能
- ・理科　　　「音についての実験を行い，音は物が振動することによって生じ，空気中などを伝わること及び音の高さや大きさは発音体の振動の仕方に関係することを見いだすこと」〔2内容 (1) ア（ウ）〕⇒〔共通事項〕(1) アの音色・強弱の物理

特性の理解

- **美術** 「ア 対象を深く見つめ感じ取ったこと，考えたこと，夢，想像や感情などの心の世界などをもとに，主題を生み出すこと」「イ 主題などをもとに想像力を働かせ，単純化や省略，強調，材料の組み合わせなどを考え，創造的な構成を工夫し，心豊かな表現の構想を練ること」〔第2学年及び第3学年〕[2内容A表現 (1)] ⇒「表現したいイメージをもち，音素材の特徴を感じ取り，反復，変化，対照などの構成を工夫しながら，音楽をつくること」[内容2A (3) イ]

- **保健体育** 「創作ダンスでは，多様なテーマから表したいイメージをとらえ，動きに変化を付けて即興的に表現したり，変化のあるひとまとまりの表現にしたりして踊ること」〔(体育分野 第1学年及び第2学年) 2内容Gダンス (1) ア〕⇒「表現したいイメージをもち，音素材の特徴を感じ取り，反復，変化，対照などの構成を工夫しながら，音楽をつくること」[内容2A (3) イ]

- **技術・家庭** 「ア メディアの特徴と利用方法を知り，制作品の設計ができること」「イ 多様なメディアを複合し，表現や発信ができること」[2内容D (2)] ⇒「表現したいイメージをもち，音素材の特徴を感じ取り，反復，変化，対照などの構成を工夫しながら，音楽をつくること」[内容2A (3) イ]

- **道徳** 「温かい人間愛の精神を深め，他の人々に対し思いやりの心をもつ」[2内容2 (2)]，「自然を愛護し，美しいものに感動する豊かな心をもち，人間の力を超えたものに対する畏敬の念を深める」[2内容3 (2)] ⇒目標文中の「音楽を愛好する心情」「音楽に対する感性」「音楽文化についての理解」「豊かな情操」などの根底にあるもの。

- **特別活動** 「儀式的行事：学校生活に有意義な変化や折り目を付け，厳粛で清新な気分を味わい，新しい生活の展開への動機づけとなるような活動を行うこと」[〔学校行事〕2内容 (1)]，「文化的行事：平素の学習活動の成果を発表し，その向上の意欲を一層高めたり，文化や芸術に親しんだりするような活動を行うこと」[同2内容 (2)]，「体育的行事：心身の健全発達や健康の保持増進などについての理解を深め，安全な行動や規律ある集団行動の体得，運動に親しむ態度の育成，責任感や連帯感の涵養，体力の向上に資するような活動を行うこと」[同2内容 (3)] ⇒入学式・卒業式，始業式・終業式，周年行事などの儀式的行事における器楽合奏・吹奏楽・オーケストラなどの音楽演奏，全校音楽発表会・全校音楽集会などの文化的行事における学級音楽活動や学年音楽活動など，体育的行事における入場行進・開会式・表彰式・閉会式などにおける器楽合奏・吹奏楽・オーケストラなどの音楽演奏

　このように，音楽は各教科等と密接な関係を保つとともに，生徒たちの学校生活のさまざまな場面でみんなの気持ちを一つにしたり，厳粛で静寂な世界に生徒を引き入れたりして，儀式体験を共有する貴重な機会を提供している。そして，喜びや悲しみの気持ちを心の底から歌い上げる

時の「感動体験の共有」「知性と感性の融合」といったすばらしい教育的・人間的価値を生徒たちにもたらしてくれる。こんな広がりをもった音楽活動こそ，生徒たちの学校生活に欠くことのできない営みと言わなくてはならない。以上のことは当然小学校や高等学校にも当てはまる。

(4) 義務教育の教育目標から（学校教育法 21 条）

学校教育法，第2章の義務教育では，10項目からなる小・中学校共通の「教育の目標」を掲げているが，その第9項目には，「生活を明るく豊かにする音楽，美術，文芸その他の芸術について基礎的な理解と技能を養うこと」という，これまでにない貴重な一文が明記されている。これは，新「教育基本法」で打ち出された「豊かな人間性と創造性を備えた人間の育成」という人間像を，義務教育において実現しようとする素晴らしい教育目標であり，これによって音楽は小・中学校の教科として必要不可欠の存在になっている。「音楽はなぜ学校に必要か」の法的根拠は，まさにこの「学校教育法第21条」に求められるのである。

(5) マルコム・テイトの「思考・感受・共有」論から

アメリカの高名な音楽教育学者，マルコム・テイト教授は，『音楽教育の原理と方法』（音楽之友社）の中で，「共有とは，共同体の中における自己の独自性を知り，共同体に対してその独自性を進んで役立たせることによって示す人間の社会的参加である」（訳書28頁）と述べ，「人間・音楽・教育」は，「思考・感受・共有」という人間的価値と強く深く結び付いており，子どもたちは音楽抜きにしては人間として豊かに成長することはできないと主張している。「人間・音楽・教育」という美しい花は，「思考・感受・共有」という共通の滋養豊かな土壌によって培われるものであり，これら6者はそれぞれ相互に深い連携を保って成立しているのである。初等教育，中等教育を通して，この「思考・感受・共有」論を大胆に貫き通すことが必要である。

(6) 音楽の専門家教育の必要から（高等学校専門学科の音楽教育）

音楽の専門家になるための基礎教育を欠かすことはできない。すなわち，わが国の音楽家の専門的力量を国際的水準にまで高め，維持するためには，音楽の高度な専門教育が必要である。このための高等学校の専門学科における教育は，音楽理論，音楽史，演奏研究，ソルフェージュ，声楽，器楽，作曲，鑑賞研究の8科目のハイレベルな修練によって行われている。こうした専門家教育の必要性を音楽科教育や一般教育も十分理解し，支援していきたい。

(7)「教大協全音大テーゼ」から

教育課程審議会における第6次学習指導要領の作成過程では，第5次学習指導要領（昭和52年改訂・告示）の「ゆとりと充実」の改革理念を受けて行われた，教育内容の徹底的な精選に対する理数系教科の激しい反発の中で，〈脱ゆとり教育論〉が世論を圧倒する観があり，われわれ芸術系教科は自らの存在理由を済々と世に示す必要に迫られた。

そこで昭和61年5月，教育大学協会全国音楽部門会大学部門会（「教大協全音大」と略記，教員養成大学に勤務する音楽教員の会）では，音楽科の必要性を簡潔に箇条書きにし，これを文部

省や関係機関にアピールするための8人委員会を設立，同年6月から10数回にわたる審議を重ね，10月に原案を完成，これを「教大協全音大テーゼ」として，全日本音楽教育研究会大学部会ならびに日本音楽教育学会にも呼び掛けて，3組織合同の「要望書」として各方面に配布することになった。

　以下はその「教大協全音大テーゼ」である。（骨子を筆者が作成した）

学校における音楽の存在理由

① 感動体験の共有

　音楽は，感動体験を共有する場です。時間芸術である音楽においては，刻一刻と流れていく音楽の共時的体験が，人々の心を結び付け，感動の渦に巻き込んでいきます。音楽を学ぶすべての子どもたちは，音楽創造と音楽受容の過程で，時の流れに沿って，部分と全体，個と集団の関係を知り，音楽による感動体験の共有を通して，互いに心を開き，心を通わせ合うのです。もし，このような体験を持たないまま子どもたちが育っていくとしたら，学校生活には潤いや楽しさがなくなり，競争と勝ち負けの人間関係の中で，子どもの心はしぼんでいきます。音楽は，心の豊かな子どもを育てる教科です。

② 知性と感性の融合

　音楽は，知性と感性の融合体です。楽譜・理論・表現メディアなどの理解は知的作業であり，それらを音の響きに還元していくのは，音感覚の総合的な作用です。音楽の学習は，すべての子どもたちの頭と手と心を一点に結び付け，焦点化させる過程であると言えるでしょう。歌を歌うときは，歌詞の意味内容を探り，リズムや旋律の進み具合，曲の組み立てなどを考えなければ，その歌の本質に迫ることはできません。器楽の学習でも，指使いや音のつなげ方などを知的にとらえなければ，本当のフレーズは表現できません。音楽は，知性と感性の調和のとれた子どもを育てる教科です。

③ 精神の集中と意思の持続

　これは音楽演奏の根源を示す精神作用で，音楽には持続する鋭い集中力と強い意志の力が必要です。時間的に継起する流動体としての音楽においては，リズムを推し進め，メロディーを歌わせハーモニーを調和させるためには，それらの動き全体をコントロールする持続的な集中力・精

神力と強固な意志が必要になります。演奏の途中でトラブルが生じたときも，時間の流れの中で
これを克服し，立ち止まらずに音楽を前に進めていく精神と意思の強さがどんな音楽にも必要で
す。音楽を聴くときにも，この集中力と持続力が求められます。音楽は，子どもたちの精神と意
思の強さを育てる教科です。

4 人間感情の純化

　音楽は，人間の感情を純化していく芸術です。音という抽象的な表現メディアを媒体とする音
楽においては，物事の成り行きや性質を具体的に描くことはできませんが，歌には歌詞があり，
そこに含まれる日常的な情景や人間感情を音楽の響きの中に昇華させ，純化していくことができ
ます。すべての子どもたちは，日常経験から美的経験へ，一時的自我感情から持続的価値感情へ
と自らを高めていく可能性を持っています。喜怒哀楽といったストレートな感情は，音楽学習を
通して象徴化，抽象化され，美的なものに高められていきます。音楽は，より高いものを求める
心を育てる教科です。

5 現実認識の方法

　音楽には，現実を認識する独特の方法が含まれています。聴覚は，人間のさまざまな感覚器官
のうちで最も早く発達すると言われています。こうした分化と統合の最も盛んな時期に子どもの
耳を鍛え研ぎ澄ますことは，子どもが聴覚を通して現実を知り，これと深いかかわりを持つ手だ
てを示してやることになります。たとえば，水というものの性質は，雪の音，氷の音，水の音，
蒸気の音などになって現れますから，これらの音にじっと耳を傾け，意識を集中する中から，子
どもたちは水の状態を鋭くとらえ，これを表現することができるようになります。音楽は，鋭く
知覚し，的確に判断し，豊かに表現する子どもを育てる教科です。

　これが筆者の提起した音楽科の存在理由の骨子である。1は，時間芸術としての音楽の特質に
高い人間的・教育的価値を求めたもので，ここで共有されるのは「感動」ではなく「体験」である
ことに注意しなくてはならない。2は，音楽の営みに本来的に含まれている知性と感性のかかわ
りに着目したもので，両者の調和的追究に最も高い教育的価値が求められる。3は，音楽演奏の
根源を特質づける演奏者の精神作用に注目したもので，これ抜きにして音楽は成立しない。4は，
音楽表現に含まれる人間感情の諸相に注目したもので，より高い美的経験や持続的価値感情を目
指す必要性を述べている。5は，子どもを取り巻くさまざまな現実を音の探究によって認識する
過程の大切さに着目したもので，子どもの鋭い耳と知覚力や判断力・表現力の育成を目指してい
る。

転載文献一覧

① 『アート・エデュケーション』建帛社刊　第20号「〈表現科〉構想の成果と問題」

② 『音楽がおもしろくなる授業の工夫』音楽之友社刊（1989）〈教育音楽小・中・高版〉別冊「私たちの《惑星》」

③ 『音楽鑑賞教育』(財)音楽鑑賞教育研究会刊　第364号　臨時増刊号　児童作文「スイミーとぼく」谷本智仁君(小2)

④ 『音楽教育』全日音研刊　昭和63年10月号「中学校音楽科主任に訴える」

⑤ 『音楽教育研究ジャーナル』東京藝術大学音楽教育研究室刊　第4号「文献リヴュー：稲垣忠彦著『授業研究の歩み・1960〜1995』」

⑥ 『季刊音楽教育研究』　第42号「現代音楽の教育的可能性」，第55号　高遠町教育長・向山幹男執筆「高遠町伊澤修二先生記念祭を振り返って」

⑦ 『教育音楽 小学版』音楽之友社刊　平成5年10月号「書評：西園芳信『音楽科カリキュラムの研究』」

⑧ 『教育音楽 中学・高校版』音楽之友社刊　昭和60年9月号「ポピュラー音楽の教育的可能性を求めて」

⑨ 『教育研究』筑波大学附属小学校初等教育研究会刊　平成3年5月号「感性を育てる音楽指導」

⑩ 『教科教育学の成立条件』日本学術会議教科教育学研究連絡委員会編集（1990）東洋館出版「音楽科教育学の成立をめざして」

⑪ 『教職研修』教育開発研究所刊　平成7年6月臨時増刊号「音楽科に共通教材は必要か」

⑫ 『個人差に応じた新しい学習指導の展開・音楽』熱海則夫監修　個人差教育研究会編（1989）ぎょうせい　第2章「個人差のとらえ方」

⑬ 『中等教育資料』文部省刊　昭和54年11月号「音楽教育における表現力の育成」

⑭ 『平成21年度全日本音楽教育研究会全国大会東京大会要綱』全日音研東京大会実行委員会発行（平成21年11月5日）

⑮ 『モノドラマ合唱の実践』山本文茂編著（1997）音楽之友社「気持ちを音で表現しよう」（モノドラマ合唱劇《むじな》）

図表等資料の出典一覧

図1　音楽学の部分領域と補助学　⇒　U. ミヒェルス編（1977）『図解音楽事典』日本語版監修（1989）角倉一朗　白水社 12頁

図2　好きな音楽　⇒　NHK放送世論調査所編（1982）『現代人と音楽』日本放送出版協会68頁

図3　人間と音楽と教育の関わり　⇒　全日本音楽教育研究会編（2009）『平成21年度全日本音楽教育研究会全国大会東京大会要綱』151頁

図4　音の現象と人間の現象を結合した音楽経験のあり方　⇒　マルコム・テイト＆ポール・ハック著（1984）千成俊夫・竹内俊一・山田潤次訳（1991）『音楽教育の原理と方法』音楽之友社 69頁

図5　音の特性，人間経験，結合行動間関連　⇒　前掲書 71頁

図6　音楽科の目標構造　⇒　オリジナル

図7　音楽行動の可能域　⇒　訳書222頁の図を筆者が訳し直したもの

図8　本時の授業展開　⇒　転載文献⑥　第42号28〜29頁

図9　ドラマの構成曲線（フライタークの三角形）　⇒　小畠元雄「アクション」（『美学事典増補版』418頁）におけるフライタークの五部三点説の説明をもとに筆者が作成

図10　好きな音楽×性別　⇒　出典は図に添付

図11　音楽教育における個人差対応の構造　⇒　転載文献⑫　29頁

図12　音楽学習における基礎・基本　⇒　同上　29頁

図13　創造性のとらえ方　⇒　同上　32頁

図14　音楽創造のメカニズムと音楽学習におけるイメージ形成の過程　⇒　同上　36頁

図15　「むじな」の語りのドラマトゥルギー（劇作法）と音楽の例　⇒　転載文献⑮　88頁

図16　芸術創造のメカニズム　⇒　拙稿「新しい音楽表現の広がりを求めて──〈こころの表現〉に迫る学習方略の展望」アカデミー・プロモーション刊（2003）『音楽活動の形を広げる』小学校音楽教育実践指導全集第7巻（全学年用）第1部 理論編 第3章 68頁

図17　「表現科」5領域の相互関係　⇒　転載文献①　19頁

図18　音楽科教育学の構造　⇒　拙稿（1991）「音楽教育研究の方法と分野」（第14回 最終回）『季刊音楽教育研究』第66号 153頁

図19　アーベル＝シュトルート『音楽教育学大綱』の音楽教育学の体系　⇒　S. アーベル＝シュトルート著（1985）山本文茂監修（2004）『音楽教育学大綱』音楽之友社 761頁

図20　音楽教育研究を分類するためのサイドネルによる3次元マトリックス　⇒　拙稿（1988）「音楽教育研究の方法と分野」（Ⅵ）『季刊音楽教育研究』第56号 110頁

図21　音楽教育研究の分野と領域　⇒　同朋舎出版〈子どもと音楽〉シリーズ　第1巻『音楽教育の目的と展望』第1章「音楽教育の目的」11頁

楽譜1　《スイミー》の旋律楽譜　⇒　転載文献⑮　4〜9頁をもとに筆者が作成

楽譜2　《星の歌》片岡輝作詞　岩河三郎作曲　⇒　松本恒敏・山本文茂共著（1991）『創造的音楽学習の試み』音楽之友社　226〜227頁をもとに筆者が旋律楽譜を作成

楽譜3　《木星の歌》山本文茂作詞 ホルスト作曲　⇒　ホルスト《木星》の中間部旋律に筆者が作詞

楽譜4　個人差に応じた教材編曲例《ぞうさん》のリコーダー合奏　⇒　転載文献⑫　62頁を修正

楽譜5　モノドラマ合唱曲《むじな》　⇒　転載文献⑮　82〜83頁

楽譜6　伊澤修二作詞・作曲《子供子供》　⇒　伊澤修二編『小学唱歌』全6巻　明治25〜26年発行　第1巻第10曲

楽譜7　高遠小学校5年生の歌　⇒　筆者作詞・作曲

表1　好きな音楽×属性　⇒　出典は図に添付

表2　音楽とのかかわりのパターン（因子分析結果）　⇒　出典は図に添付

表3　錦華小における新教科の構想　⇒　転載文献①　15頁

表4　「表現科」のカリキュラム・マトリックス　⇒　転載文献①　16頁

表5　指導内容の項目数から見た領域のバランス　⇒　転載文献①　19頁

表6　1980年までのドイツの博士論文　⇒　拙稿（1987）「音楽教育研究の方法と分野」（Ⅷ）『季刊音楽教育研究』第50号 164頁

表7	1977年から1986年までのアメリカの博士論文 ⇒ 拙稿（1989）「音楽教育研究の方法と分野」(8)『季刊音楽教育研究』第59号 165頁	
表8	平成21年度 全日本音楽教育研究会 全国大会【部会大会】（大会第1日目）平成21年11月5日（木） ⇒ 大会誌をもとに筆者が作成	
資料1	DATA FILE 62 共通教材への反応 ⇒ 『音楽芸術』1960年2月号	
資料2	共通教材の流れ［別表1. 小学校歌唱共通教材　別表2. 小学校鑑賞共通教材　別表3. 中学校歌唱共通教材　別表4. 中学校鑑賞共通教材］ ⇒ 日本音楽教育学会編『日本音楽教育事典』拙稿「共通教材」318～320頁に一部追加・補填	
資料3	創造的音楽学習の骨子 ⇒ 転載文献⑫ 32頁	
資料4	モノドラマ合唱《むじな》サウンド・チャート ⇒ 転載文献⑮ 84頁	
資料5	「表現科」のねらい ⇒ 転載文献① 17頁	
資料6	当日配布されたパンフレットの一部 ⇒ オリジナル	
資料7	研究演奏の概要 ⇒ 転載文献⑭ 158頁	
写真1	中扉写真。2003（平成15）年10月 伊澤修二記念音楽祭における長野県高遠北小学校5年生児童の音楽劇《山馬クロ》の演技指導	
写真2	平成25年度 名古屋芸術大学音楽学部 音楽教育専攻生ほか卒業生有志	
写真3	文部省視学官の小原光一先生（左），東京藝大音楽学部長の浜野政雄先生（中央）とおひるごはん	
写真4	都立南葛飾高校吹奏楽部 富士見合宿の合間に八ヶ岳連峰を写す。	
写真5	母校 知波田小学校における「ようこそ先輩！」の音楽授業。1993（平成5）年12月3日 モノドラマ合唱劇《むじな》を上演。	
写真6	楽理科同級生 長広比登志君（左）臼井英男君（中央）と上野公園で	
写真7	アメリカ留学当時の伊澤修二 ⇒ 東京芸術大学百年史編集委員会編（1987）『東京芸術大学百年史 東京音楽学校篇 第1巻』音楽之友社 250頁	
写真8	閉会式フィナーレの全員合唱《ふるさと》（筆者指揮）若林英鋭氏（全日音研事務局長）撮影	
写真9	河口道朗先生（中央），佐野靖先生（右），東京学芸大院生と吉祥寺「壇亭」にて	
挿絵1	小・中学校の同級生 中村菅子さんのちぎり絵	
挿絵2	小・中学校の同級生 藤井秀雄君の墨絵	
挿絵3	小・中学校の同級生 中村菅子さんの切り絵「しだれ桜」	
挿絵4	名古屋芸大 鳥越哲夫先生の静物クロッキー	

写真9　河口道朗先生（中央），佐野靖先生（右），東京学芸大院生と
吉祥寺「壇亭」にて

あとがき

　この本の論述内容は，ほとんどが20世紀後半のわが国の音楽教育に関する論題で，これから研究を開拓しようとしている若い研究者の皆様には新鮮味に欠けると思われるでしょうが，昭和後期から平成期にかけての音楽教育史の証言としてお読みいただければうれしく思います。

　若い頃の血気盛んな論調が含まれていて恥ずかしい思いに駆られますが，今となってはこれらもいい刺激となって懐かしく思い出されます。学兄の河口道朗先生と組んで，音楽教育における理論と実践の統一に向けて，音楽之友社編集担当者の皆様とともに多彩な論題を仕組んだ東京・神楽坂での楽しい13年間の熱い議論は，その後の研究や実践のかけがえのないエネルギーとなりました。

　河口先生と音楽之友社『季刊音楽教育研究』編集担当者の皆様，そして，本書の編集に全力を傾けてくださった（株）音楽之友社　代表取締役社長の堀内久美雄様，同出版部の川本軒司様ほかの皆様，（株）MCSの中山洋様ほかの皆様に心から感謝を申し上げます。

平成30年7月吉日　東京・小岩にて
東京藝術大学名誉教授
山　本　文　茂

著者紹介 ———————————————————————————————————

山本 文茂（やまもと ふみしげ）

昭和13（1938）年愛知県生まれ。東京藝術大学音楽学部楽理科卒業。東京都立高校教諭，福島大学助教授，東京藝術大学助教授，同教授，同音楽学部附属音楽高等学校長，同名誉教授，名古屋芸術大学教授を歴任。千葉大学ほか5大学非常勤講師，文部省学習指導要領作成協力者，同教育課程審議会専門委員，同学術審議会専門委員，日本音楽教育学会長，全日本音楽教育研究会大学部会長を歴任。

　著書『音楽教育研究の方法と分野』（1992）音楽之友社
　　　　『モノドラマ合唱のすすめ』（2000）音楽之友社
　　　　『戦後音楽鑑賞教育の流れ』（2010）財団法人音楽鑑賞教育振興会ほか
　論文「日本におけるフレーベル《母の歌と愛撫の歌》の音楽受容の問題点」（2007）
　　　　『音楽教育史研究』第10号
　　　　「音楽教育におけるPDCAサイクル活用の視点と可能性」『名古屋芸術大学研究紀要』第33〜34巻ほか
　翻訳『音楽の語るもの』（共訳，1982）音楽之友社
　　　　『音楽教育研究入門』（共訳，1984）
　　　　『音楽教育学大綱』（監修，2004）ほか

音楽はなぜ学校に必要か　その人間的・教育的価値を考える

2018年7月30日　第1刷発行
2020年5月31日　第2刷発行

著　者　山本文茂

発行者　堀内久美雄

発行所　株式会社　音楽之友社

　　　　東京都新宿区神楽坂6-30
　　　　電話　03(3235)2111(代)　郵便番号　162-8716
　　　　振替　00170-4-196250
　　　　URL　http://www.ongakunotomo.co.jp/

装丁・DTP・楽譜制作　株式会社 MCS

印　刷　星野精版印刷株式会社

製　本　株式会社 誠幸堂

ⓒ 2018 by Fumishige YAMAMOTO
ISBN978-4-276-31070-4　C1073
日本音楽著作権協会（出）許諾第1806558-002号

Printed in Japan
落丁本・乱丁本はお取替えいたします。

本書の全部または一部のコピー，スキャン，デジタル化等の無断複製は著作権法上での例外を除き禁じられて
います。また，購入者以外の代行業者等，第三者による本書のスキャンやデジタル化は，たとえ個人や家庭内
での利用であっても著作権法上認められておりません。